한국은행

직무적성검사

한국은행
직무적성검사

개정 1판 발행	2023년 5월 26일
개정 2판 발행	2024년 5월 3일

편 저 자 | 취업적성연구소
발 행 처 | ㈜서원각
등록번호 | 1999-1A-107호
주　　　소 | 경기도 고양시 일산서구 덕산로 88-45(가좌동)
교재주문 | 031-923-2051
팩　　　스 | 031-923-3815
교재문의 | 카카오톡 플러스 친구[서원각]
홈페이지 | goseowon.com

우리나라 기업들은 현재 비약적인 발전을 이루며 성장하고 있다. 이렇게 급속한 성장을 이룰 수 있었던 배경에는 우리나라 국민들의 근면성 및 도전정신이 있었다. 그러나 빠르게 변화하는 세계 경제의 환경에 적응하기 위해서는 근면성과 도전정신 이외에 또 다른 성장 요인이 필요하다.

한국기업들이 지속가능한 성장을 하기 위해서는 혁신적인 제품 및 서비스 개발, 선도 기술을 위한 R&D, 새로운 비즈니스 모델 개발, 효율적인 기업의 합병·인수, 신사업 진출 및 새로운 시장 개발 등 다양한 대안을 구축해 볼 수 있다. 하지만, 이러한 대안들 역시 훌륭한 인적자원을 바탕으로 할 때에 가능하다. 최근으로 올수록 기업체들은 자신의 기업에 적합한 인재를 선발하기 위해 기존의 학별 위주의 채용을 탈피하고 기업 고유의 인·적성검사 제도를 도입하고 있는 추세이다.

한국은행에서도 업무에 필요한 역량 및 책임감과 적응력 등을 구비한 인재를 선발하기 위하여 고유의 직무적성검사를 치르고 있다. 본서는 한국은행 일반사무직원(C3) 채용에 대비하기 위한 필독서로 한국은행 직무적성검사의 출제경향을 철저히 분석하여 응시자들이 보다 쉽게 시험유형을 파악하고 효율적으로 대비할 수 있도록 구성하였다.

신념을 가지고 도전하는 사람은 반드시 그 꿈을 이룰 수 있습니다. 처음에 품은 신념과 열정이 취업 성공의 그 날까지 빛바래지 않도록 (주)서원각이 수험생 여러분을 항상 응원합니다.

STRUCTURE

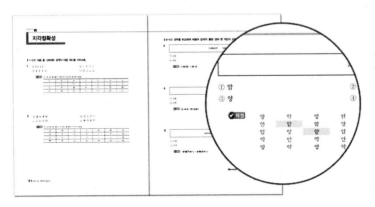

직무적성검사

적중률 높은 영역별 출제예상문제와 상세한 해설을 통하여 학습효율을 확실하게 높일 수 있다.

인성검사

인성검사의 개요와 다양한 유형의 인성검사를 수록하여 실전에 대비할 수 있다.

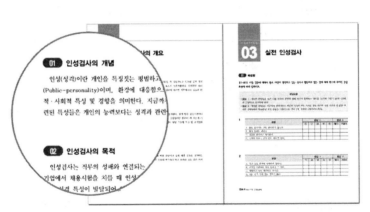

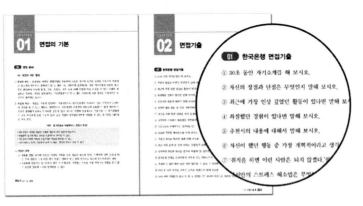

면접

실제 면접기출을 실어 채용의 마지막 단계까지 완벽하게 대비할 수 있다.

CONTENTS

PART 01

기업소개
및 채용안내

한국은행 소개

(1) 설립목적

한국은행은 물가안정목표를 정하여 국민에게 공표하고 이를 달성하기 위하여 최선을 다하고 있다.

(2) 전략 및 조직가치

① 전략

　㉠ 중장기 발전전략(BOK2030) : 한국은행은 창립 제70주년을 맞이하여 중장기 발전전략("BOK 2030")을 2020.6월 공표하고, 2020년 하반기부터 추진하고 있다.

비전	국가경제의 안정과 발전을 이끄는 한국은행			
전략방향	Agility 유연하고 신속한 대응	Collaboration 협업과 시너지, 대내외 협력		Expertise 전문성, 준비된 정책역량
전략목표	정책영역 확대 및 정책수단 확충	조사연구의 질적 고도화	디지털 혁신의 적극 추진	단계적 경영인사 혁신
전략과제	1. 통화정책 운영체계 개선 추진 2. 금융안정 역할 강화 3. 중앙은행 디지털 화폐 개발 연구 및 준비 4. 경제통계 서비스 고도화 5. 새로운 금융·경제 이슈 대응	6. 조사연구위원회 설치 7. 특별연구원 제도 신설 8. 경제연구원 역할 확대	9. 디지털혁신실 신설 10. 최고 디지털 혁신 책임자 임명 11. 업무프로세스 및 환경개선	12. 순환근무 제도의 탄력적 운영 13. 평가·보상 체계 개선 14. 의사결정 구조 효율화 15. 건강한 조직문화 확산 16. 중장기 경영인사 혁신

ⓛ 중기전략 : 한국은행은 매년 중장기 발전전략(BOK2030) 및 대내외 여건 변화를 고려하여 전략목표(2023년부터 새로운 전략체계를 도입)를 수립함으로써 업무수행의 목표와 우선순위를 설정하고 이를 추진하고 있다.

2024년 전략목표(6개)
1. 물가 등 거시경제 안정 도모
2. 금융안정 기반 강화
3. 화폐·지급결제 인프라 고도화
4. 내부경영의 발전적 변화
5. 커뮤니케이션 강화
6. 경제구조 변화 대응 강화

② 조직가치

가치	의미
공익	국민 전체의 이익을 추구하고 공정하게 책무를 수행함
중립	독립적이고 자율적인 의사결정에 따라 정책을 효과적으로 수행함
책임	주인의식과 열정을 가지고 책무를 투명하게 수행함으로써 국민의 신뢰를 얻음
소통	임직원 간 서로 존중하고 배려하며, 국민과 원활하게 소통함
전문성	높은 수준의 전문성과 통찰력을 갖추어 책무 수행에 탁월한 역량을 발휘함

(3) 주요업무

① 화폐의 발행

우리가 일상생활에서 사용하는 화폐 곧 지폐와 동전은 모두 한국은행에서 발행한 것으로 한국은행에서는 현재 지폐 4종류(천원권, 오천원권, 만원권, 오만원권)와 동전 6종류(1원화, 5원화, 10원화, 50원화, 100원화, 500원화)를 발행하고 있다.

② 통화신용정책의 수립 및 집행

한국은행이 하는 가장 중요한 일은 화폐(돈)의 독점적 발행 권한(발권력)을 부여 받은 중앙은행이 다양한 정책수단을 활용하여 돈의 양이나 금리가 적정한 수준에 머물도록 영향을 미치는 정책인 통화신용정책을 수립하고 집행하는 것이다. 통화신용정책의 최우선 목표는 중앙은행이 발행하는 돈의 가치, 즉 물가를 안정시키는 것이다.

③ 금융시스템의 안정

한국은행은 금융시스템의 안정성을 유지·강화하는 책무를 수행한다. 이를 위해 한국은행은 국내외 경제여건, 금융시장의 안정성, 금융시스템의 건전성 상황 등을 종합적으로 점검한다. 또한 금융시스템의 이상 징후를 제때에 알아내어 그 위험성을 평가하고 조기에 경보하기 위해 다양한 지표를 개발하여 활용한다.

④ 은행의 은행

한국은행은 금융기관을 상대로 예금을 받고 대출을 해 주는 은행의 은행으로 일반 국민이나 기업을 상대로는 예금을 받거나 돈을 빌려 주지 않는다.

한국은행은 금융기관으로부터 예금을 받아 이를 관리하고 있는데 이 예금은 금융기관 고객의 예금인출에 대비한 지급준비금으로서 뿐만 아니라 금융기관 상호간의 자금결제 또는 한국은행으로부터 받은 대출금의 상환자금 등으로 이용되고 있다.

⑤ 정부의 은행

한국은행은 국민이 정부에 내는 세금 등 정부 수입을 국고금으로 받아 두었다가 정부가 활동상 필요로 할 때 자금을 내주는 업무를 하는 한편 정부가 자금이 부족할 때 돈을 빌려주기도 하는 정부의 은행이다.

또한 정부는 자금이 부족한 경우 매년 국회에서 미리 정한 한도 내에서 한국은행으로부터 대출을 받거나 국채를 발행하는데 이때 한국은행은 정부의 국채발행업무를 대행한다.

이밖에 한국은행은 정부가 소유하고 있는 유가증권을 안전하게 보관하는 업무도 담당하고 있다..

⑥ 지급결제제도의 운영·관리

한국은행은 금융기관간 자금의 지급결제가 편리하고 안전하게 이루어지도록 하고 있다.

상품이나 서비스를 구입할 때 우리는 대금을 신용카드나, 계좌이체와 같은 금융기관의 서비스를 이용할 수도 있다. 이렇게 금융기관을 이용하여 대금을 지급하면 금융기관 사이에는 서로 주고받을 채권과 채무가 발생하고, 금융기관 상호간의 금융거래를 통해서도 채권·채무가 발생할 수 있다. 이러한 금융기관들은 "은행의 은행"인 한국은행에 계좌를 개설하고, 이를 이용하여 서로 간의 채권·채무를 결제한다.

⑦ 외국환업무 및 외환보유액 관리

한국은행은 외환 건전성 제고를 통해 금융안정에 기여하며, 외화자산을 보유·운용한다.

우리나라 환율은 외환시장에서의 외환 수급에 따라 자유롭게 결정되고 있다. 그러나 지나친 쏠림현상 등으로 환율이 급격하게 변동할 경우 한국은행은 이를 완화하기 위해 미세조정 등의 시장안정화조치를 수행한다. 또한 한국은행은 우리나라 외환보유액이 국가비상금으로서 안전판 역할을 할 수 있도록 적정 수준으로 관리한다. 외환보유액은 안전하고 유동성이 높은 외국 금융자산에 주로 투자하며 안전성을 해치지 않는 범위 내에서 수익성을 높이기 위해 노력한다.

⑧ 경제조사 및 통계작성

한국은행은 통화금융 동향은 물론 국내외 경제 전반에 관한 조사연구업무를 수행하고 있으며 이와 관련된 각종 통계를 작성·발표하고 있다.

통화신용정책을 포함한 경제정책을 수립하기 위해서는 경제현상에 대한 정확한 진단이 필요하다. 한국은행은 경제조사 및 연구를 통하여 그때 그때의 국내외 경제의 움직임을 분석·전망하고 그 대책을 제시함으로써 통화신용정책은 물론 다른 여러 가지 국가경제정책을 세울 때 기초자료로 활용할 수 있도록 하고 있다.

채용안내

(1) 채용 인원

채용부문	최초근무지역	담당직무
특성화고 졸업예정자	수도권, 강원권, 충청권, 경상권, 전라·제주권	• 일반적인 사무처리능력이 요구되는 정형화된 업무 - 총무, 회계, 경리, 출납, 여수신, 외환심사, 국고, 증권, 통계, 비서 등의 업무 중 업무영역이 한정적·일상적인 업무 - 기타 일반사무 업무 • 수행직무 뿐 아니라 경력개발경로, 보수 등에 있어 종합기획직원(G5)과 다름

(2) 지원 자격

① 특성화고(마이스터고 등도 포함) 졸업예정자

※ 특성화고·마이스터고 포털 사이트(https://www.hifive.go.kr)에 등록된 학교 기준(서류접수 마감일 기준)

② 전학년 평균 내신등급이 3.0등급 이내인 자

※ 2학년 2학기까지의 전 과목(예체능 및 성적이 Pass/Fail 또는 우수/보통으로 표기되는 과목 제외) 내신등급을 단위수(학점)에 따라 가중평균하여 산출(단, A, B, C, D, E 혹은 수, 우, 미, 양, 가로 산출되는 과목은 A(수)=1등급, B(우)=3등급, C(미)=5등급, D(양)=7등급, E(가)=9등급으로 환산하여 계산)

③ 학교장으로부터 추천 받은 자

 ㉠ 추천가능인원은 학교별 총 3명 이내로 제한(단, 최초근무지역 중 수도권 부문은 최대 2명까지만 추천가능)

 ㉡ 학교별로 총 4명 이상 추천하거나, 최초근무지역 중 수도권 부문에 3명 이상 추천시 해당 학교 지원자는 모두 불합격 처리

④ 한국은행 「인사관리규정」상 결격사유에 해당되지 않는 자

(3) 전형 절차

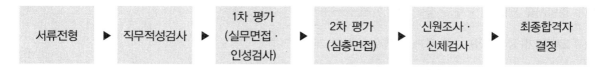

서류전형 ▶ 직무적성검사 ▶ 1차 평가 (실무면접 · 인성검사) ▶ 2차 평가 (심층면접) ▶ 신원조사 · 신체검사 ▶ 최종합격자 결정

① 지원서 접수

   ㉠ 한국은행 채용홈페이지(https://apply.bok.or.kr)를 통한 인터넷 접수만 가능하며 우편접수, 방문 접수 및 전자우편을 통한 접수는 받지 않음

   ㉡ 지원서 작성시 추가 첨부 자료(필수)

채용부문		유의사항
특성화고 졸업예정자	추천서	• 작성후 채용홈페이지에서 지원서 작성시 해당란에 PDF 파일로 변환하여 첨부(양식은 한국은행 채용홈페이지-채용공고-공지사항에서 다운로드 가능) • 지정된 양식을 사용하지 않거나 보안프로그램 등이 설정되어 파일을 열 수 없는 경우 미제출한 것으로 간주

② 서류전형

   ㉠ 학업성적, 자기소개서, 자격증

   ㉡ 자격증 소지자 우대 : 서류접수 마감일 현재 유효한 ITQ 정보기술자격 A등급(아래한글, 한글엑셀, 한글파워포인트), 워드프로세서(구 1급), 컴퓨터 활용능력 1~2급, 전산회계 1~2급, 전산회계운용사 1~3급, ERP 회계정보관리사 1~2급, FAT(Financial Accounting Technician) 1급 자격증에 한함

③ 직무적성검사

   ㉠ 시간 및 장소 : 서류전형 합격자 발표시 개별 안내

   ㉡ 언어유추력, 응용계산력, 공간지각력, 어휘력, 지각정확성 등을 평가

   ㉢ 합격자 발표 : 한국은행 채용홈페이지를 통해 확인

④ **1차 평가**(실무면접 · 인성검사) : 직무적성검사 합격자에 한해 개별 안내

⑤ **증빙서류 제출** : 1차 평가 응시자에 한해 1차 평가 당일 직접 제출

⑥ **2차 평가**(심층면접) : 1차 평가 합격자에 한해 개별 안내

⑦ **최종합격자 발표** : 개별 안내

(4) 기타

① 일반사무직원(C3)은 정규직이나, 수행직무 뿐 아니라 경력개발경로, 보수 등에 있어 매년 하반기에 채용을 진행하는 종합기획직원(G5)과는 다름

   ㉠ 최초 채용시 조사역(C3)의 직급이 부여되고 이후 별도의 심사를 거쳐 조사역(C2), 주임조사역(C1)으로의 승격이 이루어지며, 채용 후 종합기획직원으로의 전환은 불가

   ㉡ 초임호봉 해당 급여는 연 39백만원(2023년 세전 기준) 수준이나, 과거 근무경력 등을 감안해 입행시 부여되는 호봉에 따라 동 수준을 상회할 수 있음

② 채용 후 지원서 작성시 선택한 최초근무지역내 한국은행 본부 또는 지역본부에 우선 배치할 예정이며, 이후 한국은행이 필요로 하는 경우 인사발령에 따라 본부 또는 타 지역본부로 이동할 수 있음

   ※ 다만, 한국은행 인력사정상 지원서 작성시 선택한 최초근무지역 이외로도 배치될 수 있음
   ※ 최초근무지역 내(內)에서의 이동 및 최초근무지역 외(外)로의 이동(한국은행 지역본부 : 부산본부, 대구경북본부, 목포본부, 광주전남본부, 전북본부, 대전세종충남본부, 충북본부, 강원본부, 인천본부, 제주본부, 경기본부, 경남본부, 강릉본부, 울산본부, 포항본부, 강남본부)

③ 입행예정 시기는 공고문 참고

④ 전형결과 적격자가 부족할 경우 채용예정인원보다 적게 채용하거나 채용하지 않을 수 있음

⑤ 예비합격자 제도를 운영하며 예비합격자 충원 필요시 개별 통지

⑥ 전형방법, 일정, 입행시기 등은 한국은행의 사정 등에 따라 변경될 수 있음(변경시 한국은행 채용홈페이지, 전자우편 등를 통해 공고)

⑦ 전형에 합격하더라도 증빙서류를 제출하지 아니하거나 지원서에 기재한 내용이 사실과 다른 것으로 판명될 경우 합격을 취소할 수 있음

⑧ 지원서상의 기재사항 착오 · 누락이나 자격미비자의 응시 등으로 인한 불이익은 지원자 본인의 책임임

⑨ 청탁 등 부정한 방법에 의해 합격하여 채용된 사실이 확인될 경우 합격 및 채용을 취소하고 향후 5년간 입행을 제한할 수 있음

⑩ 제출된 서류는「채용절차의 공정화에 관한 법률」제11조에 따라 구직자가 반환을 청구할 경우 반환함

⑪「국가유공자 등 예우 및 지원에 관한 법률」등에 의한 취업지원대상자 및「장애인 고용촉진 및 직업
재활법」에 의한 장애인은 관련 법규에 의해 우대함(다만, 장애인 전형 부문의 경우 지원자격이 장애
인인 점을 감안하여 가점을 부여하지 않음)

※ 본인의 국가보훈대상자 해당 여부 및 가점비율을 국가보훈처(☎1577-0606) 및 지방보훈처에서 직접 확인후 지원
※ 해당 우대사항에 따른 가점이 복수인 경우에는 가장 유리한 가점만 반영

PART 02

직무적성검사

CHAPTER 01

언어유추력

▌1~10▐ 다음에 제시된 9개의 단어 중 관련된 3개의 단어를 통해 유추할 수 있는 것을 고르시오.

1

간디, 거북선, 링컨, 동화, 극장, 햄릿, 올림픽, 셜록홈즈, 세종대왕

① 업적   ② 한국사
③ 관광지   ④ 위인

✔**해설** 제시된 단어 중 간디, 링컨, 세종대왕을 통해 '위인'을 유추해볼 수 있다.

2

텀블러, 탁구, 마이크, 정치, 고양이, 코인, 나무, 스피커, 중간고사

① 등산   ② 학교
③ 운동장   ④ 노래방

✔**해설** 마이크, 코인, 스피커를 통해 노래방을 유추할 수 있다.
    코인 노래방은 곡당 요금을 지불하고 노래를 부를 수 있도록 만든 곳으로, 특히 청소년 사이에서 인기
    가 있다. 노래방에는 마이크와 스피커가 있다.

3

미국, 강남, 문재인, 도서관, 투표, 제주도, 관광, 신문, 5년

① 대통령   ② 트럼프
③ 비타민   ④ 프랑스

✔**해설** 문재인, 투표, 5년을 통해 대통령을 유추할 수 있다.
    문재인은 우리나라의 19대 대통령이며, 대통령은 선거를 통해 투표로 선출한다. 대통령의 임기는 5년이다.

4

| 백과사전, 다육식물, 사막, 하늘, 백년초, 컴퓨터, 미세먼지, 결혼, 우유 |

① 장미   ② 선인장

③ 어린왕자   ④ 해녀

✔해설 다육식물, 사막, 백년초를 통해 선인장을 유추할 수 있다.
선인장은 사막이나 높은 산 등 수분이 적고 건조한 날씨의 지역에서 살아남기 위해 땅 위의 줄기나 잎에 많은 양의 수분을 저장하고 있는 다육식물이다. 백년초는 부채선인장의 다른 이름이다.

5

| 수성사인펜, 축제, 영어, 가을, 달리기, 풍경화, 시계, 만국기, 경주 |

① 운동회   ② 불국사

③ 수능   ④ 사생대회

✔해설 제시된 단어 중 가을, 달리기, 만국기를 통해 '운동회'를 유추해볼 수 있다.

6

| 포스트잇, 안전, 공무원, 바나나, 디저트, 음주 단속, 행사, 웅변, 금메달 |

① 응급실   ② 구급차

③ 경찰   ④ 직장인

✔해설 안전, 공무원, 음주 단속을 통해 경찰을 유추할 수 있다.
경찰은 국가 사회의 공공질서와 안녕을 보장하고 국민의 안전과 재산을 보호하는 일을 담당하는 공무원으로, 음주 단속 역시 경찰 업무의 하나이다.

Answer   1.④ 2.④ 3.① 4.② 5.① 6.③

7

초콜릿, 솜, 이불, 설탕, 풍선, 나무젓가락, 깃발, 청포도, 무역

① 자물쇠   ② 통조림

③ 도시락   ④ 솜사탕

✔해설 솜, 설탕, 나무젓가락을 통해 솜사탕을 유추할 수 있다.
솜사탕은 솜 모양으로 만든 사탕의 하나로, 설탕을 불에 녹인 후 빙빙 돌아가는 기계의 작은 구멍으로 밀어 내면 바깥 공기에 닿아서 섬유 모양으로 굳어지는데, 이것을 나무젓가락과 같은 막대기에 감아 솜 모양으로 만든다.

8

설빔, 반지, 비디오, 서약, 연예인, 에어컨, 자동차, 주례, 달맞이

① 대중매체   ② 환기시설

③ 결혼식   ④ 추석

✔해설 반지, 서약, 주례를 통해 결혼식을 유추할 수 있다.
결혼식은 신랑, 신부가 서로 결혼반지를 나눠 끼며, 부부 관계를 맺는 서약을 하는 의식이다. 결혼식에서는 주례사가 주례를 한다.

9

방학, 영양제, 소파, 냉장고, 설거지, 식탁, 발코니, 주말농장, 휴가

① 핵가족   ② 어부

③ 과일   ④ 부엌

✔해설 냉장고, 설거지, 식탁을 통해 부엌을 유추할 수 있다.
부엌은 일정한 시설을 갖추어 놓고 음식을 만들고 설거지를 하는 등 식사에 관련된 일을 하는 곳이다. 냉장고와 식탁은 보통 부엌에 있다.

10

간호사, 법원, 인도, 빙하, 피고, 세금, 건축, 면세품, 수임료

① 공인중개사   ② 영국
③ 변호사   ④ 국세청

✔해설 법원, 피고, 수임료를 통해 변호사를 유추할 수 있다.
변호사는 법률에 규정된 자격을 가지고 소송 당사자나 관계인의 의뢰 또는 법원의 명령에 따라 피고나 원고를 변론하며 그 밖의 법률에 관한 업무에 종사하는 사람으로, 변론의 대가로 수임료를 받는다.

|11∼30| 단어의 상관관계를 파악하고 (   ) 안에 알맞은 단어를 고르시오.

11

춘향전 : 남원 = 역마 : (   )

① 화개장터   ② 봉평장터
③ 모란장터   ④ 강화장터

✔해설 위에 제시된 관계는 우리나라 소설작품과 그 작품의 배경이 되는 곳을 짝지은 것이다. 김동리의 소설 역마의 배경은 화개장터이다.

12

차가운 : 빙하 = 깊은 : (   )

① 해륙   ② 해령
③ 해초   ④ 해저

✔해설 ① 바다와 육지
② 깊은 바다에 있는 길고 좁은 산맥 모양의 솟아오른 부분
③ 바다 속에서 나는 풀을 통틀어 이르는 말
④ 바다의 밑바닥

13

| 입원 : 퇴원 = (   ) : 해지 |

① 장비   ② 설치

③ 계약   ④ 취소

✔해설 입원과 퇴원은 서로 반의관계이다. 해지와 반의관계에 있는 단어를 찾으면 된다.
해지란 계약 당사자 한쪽의 의사표시에 의하여 계약에 기초한 법률관계를 말소하는 것이다. 그러므로 계약의 반의관계라 할 수 있다.

14

| 이방원 : 하여가 = (   ) : 단심가 |

① 이성계   ② 정몽주

③ 하윤   ④ 이색

✔해설 단심가는 이성계가 위화도에서 회군하였을 때, 이방원이 포은 정몽주의 뜻을 떠보려고 읊은 '하여가'에 답하여 부른 것이다.

15

| 전쟁 : 피난 = (   ) : 붕괴 |

① 지진   ② 예술

③ 서점   ④ 늦잠

✔해설 전쟁으로 피난이 일어나고, 지진으로 붕괴가 일어난다.

16

지구 : 달 = 목성 : (　　)

① 유로파　　　　　　　　　② 타이탄

③ 미란다　　　　　　　　　④ 트리톤

✔해설 위에 제시된 관계는 태양계에 속한 행성과 그 행성의 위성을 짝지은 것이다. 유로파는 목성의 위성 중 하나이다.

17

달력 : 날짜 = 시계 : (　　)

① 시간　　　　　　　　　　② 팔찌

③ 자명종　　　　　　　　　④ 알람

✔해설 달력으로는 날짜를 확인할 수 있고, 시계로는 시간을 확인할 수 있다.

18

자료 : 논문 = (　　) : 솜사탕

① 어린이　　　　　　　　　② 놀이공원

③ 삐에로　　　　　　　　　④ 설탕

✔해설 논문은 자료를 토대로 만들어지고, 솜사탕은 설탕으로 만들어진다.

Answer 13.③ 14.② 15.① 16.① 17.① 18.④

19

책 : 위편삼절(韋編三絕) = 가을 : (   )

① 달랑거철(螳螂車轍)　　　　② 천고마비(天高馬肥)
③ 유비무환(有備無患)　　　　④ 삼고초려(三顧草廬)

✔️해설 위에 제시된 관계는 각 단어와 그 단어와 관련된 사자성어를 나타낸 것이다. 가을과 관련된 사자성어는
천고마비이다.
※ 천고마비(天高馬肥) … 하늘이 맑아 높푸르게 보이고 온갖 곡식이 익는 가을철을 이르는 말

20

압박 : 자유 = 조잡 : (   )

① 복잡　　　　　　　　　　② 정확
③ 정밀　　　　　　　　　　④ 유창

✔️해설 압박과 자유는 반의관계이다.
③ 가늘고 촘촘함 또는 자세하고 치밀함을 이르는 말이다.

21

봄 : 경칩 = 겨울 : (   )

① 한로　　　　　　　　　　② 입추
③ 동지　　　　　　　　　　④ 처서

✔️해설 제시된 관계는 계절의 절기를 나타낸 것으로 한로, 입추, 처서는 모두 가을의 절기이다.

22

페소(peso) : 멕시코 = 프랑(franc) : (   )

① 캐나다   ② 호주

③ 러시아   ④ 스위스

✔해설 페소는 쿠바, 멕시코, 아르헨티나, 필리핀 등의 화폐 단위이다. 프랑은 스위스의 화폐 단위이다.

23

고무 : 탄력성 = 휘발유 : (   )

① 희귀성   ② 불용성

③ 수용성   ④ 가연성

✔해설 탄력성은 고무가 가지고 있는 특성이므로, 휘발유의 특성인 가연성이 적절하다.

24

중국 : 베이징 = 네덜란드 : (   )

① 스톡홀름   ② 암스테르담

③ 바르샤바   ④ 오슬로

✔해설 위에 제시된 관계는 각 나라와 그 나라의 수도를 나타낸 것이다. 네덜란드의 수도는 암스테르담이다.

25

> 남대문 : 례(禮) = 동대문 : (　　)

① 인(仁)
② 의(義)
③ 례(禮)
④ 지(智)

✔해설 위에 제시된 관계는 조선시대 대문과 그 문의 이름 속에 들어있는 사덕(四德)의 관계이다. 남대문의 또 다른 이름은 '숭례문(崇禮門)'으로 '례(禮)'가 들어간다.
※ 동대문 … 흥인지문(興仁之門)의 또 다른 이름으로 '인(仁)'이 들어간다.

26

> 통합 : 합병 = 애도 : (　　)

① 애국
② 장애
③ 애상
④ 불만

✔해설 통합과 합병은 동의어 관계이며, 애도는 사람의 죽음을 슬퍼함을 의미한다.
③ 애상(哀傷)은 죽은 사람을 생각하며 마음이 상함을 의미한다.

27

> 분석 : 종합 = 용매 : (　　)

① 용해
② 용출
③ 용합
④ 용질

✔해설 분석과 종합은 반의관계이며, 용매는 액체에 고체 또는 기체 물질을 녹여 용액을 만들었을 때 본디 액체를 말한다.
① 금속이 열에 녹아서 액체 상태로 되는 일을 이르는 말이다.
② 성분의 일부가 녹아 흘러나옴을 이르는 말이다.
③ 두 물질이 녹아서 한데 합쳐지거나 두 물질을 녹여서 한데 합침을 이르는 말이다.
④ 용액 중에 녹아 있는 물질 또는 액체에 다른 액체가 녹았을 때는 양이 적은 쪽을 이르는 말이다.

28

쌀 : 밥 : 물 = 동물 : 화석 : (　　)

① 비바람 　　　　　　　　　　② 토양

③ 퇴적 　　　　　　　　　　　④ 바위

✔해설 쌀이 밥이 되기 위해서는 구성성분으로써 물이 필요하고(쌀은 물을 흡수) 동물이 화석이 되기 위해서는 구성성분으로써 토양이 필요하다(토양은 화석의 틀이 됨).

29

반포지효(反哺之孝) : 까마귀 = 호가호위(狐假虎威) : (　　)

① 까치 　　　　　　　　　　　② 거북이

③ 여우 　　　　　　　　　　　④ 사자

✔해설 반포지효는 '까마귀 새끼가 자라서 늙은 어미에게 먹이를 물어다 주는 효'라는 뜻으로 까마귀와 관련된 한자 성어이다. 호가호위는 여우가 호랑이의 위세를 빌려 호기를 부린다는 데에서 유래한 한자 성어로 관련 있는 동물로 여우나 호랑이를 꼽을 수 있다.

30

선조 : 자손 = 정신 : (　　)

① 물질 　　　　　　　　　　　② 영혼

③ 생각 　　　　　　　　　　　④ 마음

✔해설 선조와 자손은 반의관계이고, 정신의 반의어는 물질이다.
② 육체와 구별되어, 육체에 머물면서 마음의 작용을 맡고 생명을 부여하고 있다고 여겨지는 비물질적 실체를 의미한다.

┃31~40┃ 단어의 상관관계를 파악하여 ㉠과 ㉡에 들어갈 단어로 가장 적절한 것을 고르시오.

31

> (㉠) : 된장 = 쌀 : (㉡)

① ㉠ : 팥 ㉡ : 소주
② ㉠ : 수수 ㉡ : 맥주
③ ㉠ : 매실 ㉡ : 누룩
④ ㉠ : 콩 ㉡ : 막걸리

> ✔해설 음식의 원재료와 원재료로 만든 식품의 관계이다.

32

> (㉠) : 넉넉하다 = 강물 : (㉡)

① ㉠ : 재물 ㉡ : 온유하다
② ㉠ : 마음 ㉡ : 유유하다
③ ㉠ : 인정 ㉡ : 한적하다
④ ㉠ : 재산 ㉡ : 초라하다

> ✔해설 '넉넉하다'와 호응하는 것은 '마음'이고, '강물'과 호응하는 것은 '유유하다'이다.

33

> 갈무리 : (㉠) = 수채 : (㉡)

① ㉠ : 달무리 ㉡ : 구멍
② ㉠ : 정돈 ㉡ : 하수구
③ ㉠ : 마무리 ㉡ : 싱크대
④ ㉠ : 청소 ㉡ : 설거지

> ✔해설 ② 갈무리란 물건 따위를 잘 정리하거나 간수함을 이르는 말로 정돈과 유의어 관계이고, 수채란 집 안에서 버린 물이 집 밖으로 흘러 나가도록 만든 시설을 이르는 말로 하수구와 유의어 관계이다.

34

영겁(永劫) : (㉠) = 괄시(恝視) : (㉡)

① ㉠ : 천겁(千劫) ㉡ : 홀대(忽待)

② ㉠ : 찰나(刹那) ㉡ : 괄대(恝待)

③ ㉠ : 영원　　㉡ : 순간

④ ㉠ : 긴 세월　㉡ : 반갑게 맞음

✔해설 ① 영겁(永劫)은 영원한 세월을 뜻하며 유의어로 천겁(千劫)이 있다. 괄시(恝視)는 업신여겨 하찮게 대함을 의미하며 소홀히 대접함이라는 홀대(忽待)와 비슷하게 쓰인다. 보기를 살펴보면 유의관계를 찾는 문제이다.

35

돋보기 : (㉠) = (㉡) : 귀

① ㉠ : 눈　　　㉡ : 중이염

② ㉠ : 눈　　　㉡ : 보청기

③ ㉠ : 콘택트렌즈 ㉡ : 눈

④ ㉠ : 할머니　㉡ : 임금님

✔해설 ② 신체 기관과 그 기능을 도와주는 도구의 이름이다.

36

> 정지용 : (㉠) = 김춘수 : (㉡)

① ㉠ : 향수 ㉡ : 날개
② ㉠ : 절정 ㉡ : 서시
③ ㉠ : 향수 ㉡ : 꽃
④ ㉠ : 국화 ㉡ : 꽃

✔해설 정지용이 지은 시는 '향수'이고 김춘수가 지은 시는 '꽃'이다.

37

> (㉠) : 협찬 = 차제 : (㉡)

① ㉠ : 찬조 ㉡ : 기회 　　　② ㉠ : 협조 ㉡ : 동생
③ ㉠ : 도움 ㉡ : 실패 　　　④ ㉠ : 후원 ㉡ : 근심

✔해설 차제 … 때마침 주어진 기회

38

> (㉠) : 자 = 감투할미 : (㉡)

① ㉠ : 청홍각시 ㉡ : 바늘 　　　② ㉠ : 세요각시 ㉡ : 실
③ ㉠ : 척부인　 ㉡ : 골무 　　　④ ㉠ : 인화낭자 ㉡ : 다리미

✔해설 규중칠우쟁론기에서 나오는 규중칠우, 즉 바느질에 쓰이는 도구인 척부인(자), 교두각시(가위), 세요각시(바늘), 청홍각시(실), 감투할미(골무), 인화낭자(인두), 울낭자(다리미)를 연결한 것이다.

39

계란 : (㉠) = (㉡) : 냄비

① ㉠ : 프라이팬 ㉡ : 술
② ㉠ : 프라이팬 ㉡ : 라면
③ ㉠ : 미역국 ㉡ : 전자레인지
④ ㉠ : 정수기 ㉡ : 라면

✔해설 음식 재료와 조리 기구의 관계이다.

40

(㉠) : 쿠바 = 간디 : (㉡)

① ㉠ : 레닌 ㉡ : 인도
② ㉠ : 체게바라 ㉡ : 인도
③ ㉠ : 레닌 ㉡ : 중국
④ ㉠ : 체게바라 ㉡ : 중국

✔해설 대표적인 정치가와 그 출신국의 관계이다.

CHAPTER 02

응용계산력

1 철수가 받은 문자의 10%는 '레저'라는 단어를 포함한다. '레저'를 포함한 문자의 50%가 광고이고, '레저'를 포함하지 않은 문자의 20%가 광고이다. 철수가 받은 한 문자가 광고일 때, 이 문자가 '레저'를 포함할 확률은?

① $\dfrac{5}{23}$

② $\dfrac{6}{23}$

③ $\dfrac{7}{23}$

④ $\dfrac{8}{23}$

✔**해설** 철수가 받은 문자가 '레저'라는 단어를 포함하는 사건을 A, 광고인 사건을 B라고 하면
$$P(B) = P(A \cap B) + P(A^C \cap B) = 0.1 \times 0.5 + 0.9 \times 0.2 = 0.23$$
따라서 구하는 확률은
$$P(A \mid B) = \frac{P(A \cap B)}{P(B)} = \frac{0.1 \times 0.5}{0.23} = \frac{5}{23}$$

2 점 A, B는 길이가 1cm인 고무줄의 양끝점이고, C는 고무줄 위에 있는 한 점이다. C는 A에서 0.7cm 떨어져 있다고 한다. 이 고무줄을 늘여 3cm로 만들면 C는 A로부터 몇 cm 떨어진 위치에 있게 되는가? (단, 고무줄은 균일하게 늘어난다고 가정한다.)

① 0.7

② 1.4

③ 2.1

④ 2.8

✔**해설** 고무줄이 3배 늘어났으므로, 0.7cm에서 3배가 늘어난 2.1cm 떨어진 위치에 있게 된다.

3 한 학년에 세 반이 있는 학교가 있다. 학생수가 A반은 20명, B반은 30명, C반은 50명이다. 수학 점수 평균이 A반은 70점, B반은 80점, C반은 60점일 때, 이 세 반의 평균은 얼마인가?

① 62 ② 64

③ 66 ④ 68

✔해설

반	학생수	점수 평균	총점
A	20	70	1,400
B	30	80	2,400
C	50	60	3,000
합계	100		6,800

세 반의 평균을 구하면 $\dfrac{6,800}{100} = 68$(점)

4 1,000쪽 분량의 책 한 권에 1부터 1,000까지의 수를 한 번씩만 사용하여 쪽 번호를 매겼다면 숫자 7은 총 몇 번 사용되었는가?

① 300 ② 310

③ 320 ④ 330

✔해설 7이 백의 자리에 오는 수 : 700대의 수 100개(701, 702, 703, …)
7이 십의 자리에 오는 수 : 70대의 수 100개(10 × 10)
7이 일의 자리에 오는 수 : 7대의 수 100개(10 × 10)

5 20문제가 출제된 어떤 테스트에서 한 문제를 맞히면 3점을 얻고, 틀리면 2점을 감점한다고 한다. 예진이가 20문제를 풀어 40점의 점수를 얻었을 때, 예진이가 틀린 문제 수는?

① 2개 ② 3개

③ 4개 ④ 16개

✔해설 예진이가 맞힌 문제 수를 x개, 틀린 문제 수를 y개라 하면
$\begin{cases} x + y = 20 \\ 3x - 2y = 40 \end{cases}$ ∴ $x = 16$, $y = 4$
따라서 예진이가 틀린 문제 수는 4개다.

Answer 1.① 2.③ 3.④ 4.① 5.③

6 어느 야구선수가 시합에 10번 참여하여 시합당 평균 0.6개의 홈런을 기록하였다. 앞으로 5번의 시합에 더 참여하여 총 15번 경기에서의 시합당 평균 홈런을 0.8개 이상으로 높이고자 한다. 남은 5번의 시합에서 최소 몇 개의 홈런을 쳐야하는가?

① 4   ② 5

③ 6   ④ 7

✔해설 10번의 경기에서 평균 0.6개의 홈런 : 6개 홈런
15번의 경기에서 평균 0.8개의 홈런 : 12개 홈런
따라서 남은 5경기에서 최소 6개 이상의 홈런을 기록해야 한다.

7 길이가 Xm인 기차가 Ym인 다리에 진입하여 완전히 빠져나갈 때까지 걸리는 시간이 10초일 때, 기차의 속도는? (단, 기차의 속도는 일정하다.)

① $\dfrac{X+Y}{36}$km/h

② $\dfrac{2X+Y}{36}$km/h

③ $\dfrac{9(X+Y)}{25}$km/h

④ $\dfrac{9(2X+Y)}{25}$km/h

✔해설 길이가 Xm인 기차가 Ym인 다리에 진입하여 완전히 빠져나갈 때까지의 거리는 $(X+Y)$m이고,
속도 = $\dfrac{거리}{시간}$ 이므로 기차의 속도를 구하는 식은 다음과 같다.

$$\dfrac{(X+Y)\text{m}}{10\text{s}} = \dfrac{\left\{\dfrac{X+Y}{1,000}\right\}\text{km}}{\dfrac{10}{3,600}\text{h}} = \dfrac{9(X+Y)}{25}\text{km/h}$$

8 주영이는 집에서 3km 떨어진 학교까지 가는데 처음에는 시속 3km로 걷다가 늦을 것 같아서 시속 6km로 뛰어서 40분 만에 학교에 도착하였다. 주영이가 걸어간 거리는?

① 1km

② 1.5km

③ 2km

④ 2.5km

✔해설 걸어간 거리를 $x$km, 뛰어간 거리를 $y$km라 하면

$$\begin{cases} x+y=3 \\ \dfrac{x}{3}+\dfrac{y}{6}=\dfrac{2}{3} \end{cases}, \ \text{즉} \ \begin{cases} x+y=3 \\ 2x+y=4 \end{cases}$$

$\therefore \ x=1, \ y=2$

따라서 걸어간 거리는 1km이다.

9 정훈 혼자로는 30일, 정민 혼자로는 40일 걸리는 일이 있다. 둘은 공동 작업으로 일을 시작했으나, 중간에 정훈이가 쉬었기 때문에 끝마치는 데 24일이 걸렸다면 정훈이가 쉬었던 기간은?

① 6일

② 12일

③ 15일

④ 17일

✔해설 하루 당 정훈이가 하는 일의 양은 $\dfrac{1}{30}$, 하루 당 정민이가 하는 일의 양은 $\dfrac{1}{40}$

정민이는 계속해서 24일간 일 했으므로 정민의 일의 양은 $\dfrac{1}{40} \times 24$

$1-\dfrac{24}{40}=\dfrac{16}{40}$ 이 나머지 일의 양인데 정훈이가 한 일이므로

나머지 일을 하는데 정훈이가 걸린 시간은 $\dfrac{16}{40} \div \dfrac{1}{30}=12$

$\therefore$ 정훈이가 쉬었던 날은 $24-12=12$(일)

10 인터넷 사이트에 접속하여 초당 1.5MB의 속도로 파일을 내려 받는 데 총 12분 30초가 걸렸다. 파일을 내려 받는 데 걸린 시간은 인터넷 사이트에 접속하는 데 걸린 시간의 4배일 때, 내려 받은 파일의 크기는?

① 500MB

② 650MB

③ 900MB

④ 950MB

✔해설 (파일을 내려 받는 데 걸린 시간) : (인터넷 사이트에 접속하는 데 걸린 시간) = 4 : 1

12분 30초는 750초이므로

(파일을 내려 받는 데 걸린 시간) $= 750 \times \dfrac{4}{5} = 600$(초)

따라서 내려 받은 파일의 크기는 $1.5 \times 600 = 900$(MB)

11 10%의 소금물과 5%의 소금물을 섞어 8%의 소금물 300g을 만들려고 한다. 10%의 소금물과 5%의 소금물의 무게는 각각 얼마만큼씩 필요한가?

10%	5%
① 190g	110g
② 180g	120g
③ 170g	130g
④ 160g	140g

✔해설 10%의 소금물의 무게를 x, 5%의 소금물의 무게를 $300-x$라고 할 때,

$$\dfrac{0.1x + 0.05(300-x)}{300} = \dfrac{8}{100}$$

$x = 180$

∴ 10% 소금물 180g, 5% 소금물 120g을 섞으면 8% 소금물 300g을 만들 수 있다.

12 두 가지 메뉴 A, B를 파는 어느 음식점에서 지난주에 두 메뉴를 합하여 1,000명분을 팔았다. 이번 주에는 지난주에 비하여 A 메뉴는 판매량이 5% 감소하고, B 메뉴는 10% 증가하여 전체적으로 4% 증가하였다. 이번 주에 판매된 A 메뉴는 몇 명분인가?

① 360명 　　　　　　　　　　　　② 380명

③ 400명 　　　　　　　　　　　　④ 420명

 지난 주 판매된 A 메뉴를 x, B 메뉴를 y라 하면

$$\begin{cases} x+y = 1,000 \\ x\times(-0.05)+y\times0.1 = 1,000\times0.04 \end{cases}$$

두 식을 연립하면 $x=400,\ y=600$

따라서 이번 주에 판매된 A 메뉴는 $x\times0.95 = 400\times0.95 = 380$명분이다.

13 합창 단원 선발에 지원한 남녀의 비가 3 : 5이다. 응시결과 합격자 가운데 남녀의 비가 2 : 3이고, 불합격자 남녀의 비는 4 : 7이다. 합격자가 160명이라고 할 때, 여학생 지원자의 수는 몇 명인가?

① 300명 　　　　　　　　　　　　② 305명

③ 310명 　　　　　　　　　　　　④ 320명

구분	합격자	불합격자	지원자 수
남자	$2a$	$4b$	$2a+4b$
여자	$3a$	$7b$	$3a+7b$

합격자가 160명이므로 $5a=160 \Rightarrow a=32$

$3 : 5 = (2a+4b) : (3a+7b)$

$\Rightarrow 5(2a+4b) = 3(3a+7b)$

$\Rightarrow a = b = 32$

따라서 여학생 지원자의 수는 $3a+7b = 10a = 320$(명)이다.

14 일정한 속력으로 달리는 버스가 Am의 터널을 통과하는데 5초 걸리고, Bm의 철교를 지나는데 9초가 걸린다. 이때 버스의 길이는?

① $\dfrac{A+B}{13}$

② $\dfrac{5(A+B)}{4}$

③ $\dfrac{5B-9A}{4}$

④ $\dfrac{9B-5A}{4}$

> **✔ 해설** 버스의 길이를 xm라 할 때, 버스가 터널을 통과할 때 가는 거리는 $(x+A)$m이고,
> 철교를 지날 때 가는 거리는 $(x+B)$이다.
>
> ㉠ 터널을 지날 때의 속력 : $\dfrac{x+A}{5}$ (m)
>
> ㉡ 철교를 지날 때의 속력 : $\dfrac{x+B}{9}$ (m)
>
> 버스의 속력이 일정하므로 $\dfrac{x+A}{5}$ (m) $= \dfrac{x+B}{9}$ (m)
>
> ∴ $x = \dfrac{5B-9A}{4}$

15 영희는 낮 12시에 약속이 있었지만 전날의 과로로 계속해서 잠을 자게 되었다. 민수가 기다리다가 12시부터 10분마다 전화를 했다면 1시 20분까지는 전화벨이 몇 번 울렸는가?

① 7번

② 9번

③ 11번

④ 13번

> **✔ 해설** 12시부터 1시 20분까지는 80분이며 10분 간격으로 전화벨이 울린다. 처음 12시에 1번 울리고 이후에 8
> 번이 울리므로 총 9번이 울린다.

16 한 사람이 자동차를 운전하고 A km의 거리에 있는 X지점까지 B km/h의 속도로 갔다가 다시 원래의 지점으로 C km/h의 속도로 돌아왔다. 이 사람이 X지점까지 갔다가 돌아오는데 걸린 시간은?

① $\dfrac{ABC}{B+C}$

② $\dfrac{A(B+C)}{BC}$

③ $\dfrac{B+C}{A}$

④ $\dfrac{2A}{BC}$

✔해설 B km/h의 속도로 X지점까지 걸린 시간은 $\dfrac{A}{B}$

C km/h의 속도로 X지점에서 돌아온 시간은 $\dfrac{A}{C}$

총 걸린시간은 $\dfrac{A}{B} + \dfrac{A}{C} = \dfrac{AC+AB}{BC} = \dfrac{A(B+C)}{BC}$

17 민희는 휴대폰 요금을 10초당 15원인 요금제도를 사용하고 있다. 하루에 쓰는 통화요금이 1,800원이라고 할 때 새해 첫날인 1월 1일부터 사용한 누적시간이 1,500분이 되는 때는 언제인가?

① 2월 12일

② 3월 16일

③ 4월 18일

④ 5월 20일

✔해설 휴대폰 요금이 1분당 90원이므로 하루 통화요금이 1,800원이면 20분 쓰는 것이 된다.
하루에 20분씩 사용하므로 사용누적시간이 1,500분이 되는 때는 $1,500 \div 20 = 75$(일)
1월은 31일, 2월은 28일까지 있으므로 75일이 되는 날짜를 x라 하면
$31 + 28 + x = 75$, $x = 16$
사용누적시간이 1,500분이 되는 때는 3월 16일이 된다.

18 어떤 시각에 시작하는 회의에 A, B, C, D 4명이 모였다. A는 B보다 10분 일찍 도착했지만, C보다는 4분 늦게 도착했다. D는 B보다 5분 일찍 도착해서 회의가 시작되는 시각까지는 아직 15분의 여유가 있었다면 C는 회의가 시작되는 몇 분 전에 도착했겠는가?

① 20분 전   ② 24분 전

③ 30분 전   ④ 35분 전

✅해설 A는 B보다 10분 일찍 도착했지만 C보다는 4분 늦게 도착했다.

D는 B보다 5분 일찍 도착했고 회의 시작 전까지 15분의 여유가 있었다.

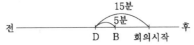

A, B, C, D의 도착 시간을 나열하면

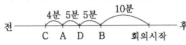

∴ C는 24분 전에 도착했다.

19 페인트 한 통과 벽지 5묶음으로 51m²의 넓이를 도배할 수 있고, 페인트 한 통과 벽지 3묶음으로는 39m²를 도배할 수 있다고 한다. 이때, 페인트 2통과 벽지 2묶음으로 도배할 수 있는 넓이는?

① 45m²   ② 48m²

③ 51m²   ④ 54m²

✅해설 페인트 한 통으로 도배할 수 있는 넓이를 xm²,
벽지 한 묶음으로 도배할 수 있는 넓이를 ym²라 하면
$\begin{cases} x+5y=51 \\ x+3y=39 \end{cases}$ 이므로 두 식을 연립하면 $2y=12 \Rightarrow y=6, \ x=21$
따라서 페인트 2통과 벽지 2묶음으로 도배할 수 있는 넓이는
$2x+2y=42+12=54(\text{m}^2)$이다.

20 가로의 길이가 세로의 길이보다 8cm 긴 직사각형의 둘레의 길이가 56cm일 때, 이 직사각형의 세로의 길이는?

① 10cm

② 12cm

③ 14cm

④ 16cm

> **✔해설** 가로의 길이를 $x$cm, 세로의 길이를 $y$cm라고 하면
>
> $\begin{cases} x=y+8 \\ 2(x+y)=56 \end{cases}$, 즉 $\begin{cases} x=y+8 \\ x+y=28 \end{cases}$
>
> $\therefore x=18, \ y=10$
>
> 따라서 가로의 길이는 18cm, 세로의 길이는 10cm이다.

21 어머니는 24세, 자식은 4세이고 어머니의 나이가 자식의 나이의 3배가 될 때의 자식의 나이는?

① 9세

② 10세

③ 11세

④ 12세

> **✔해설** 지금부터 3배가 되는 해를 x라 하면,
>
> $(24+x)=3(4+x)$
>
> $\therefore x=6$
>
> 6년 후이므로 자식의 나이는 10(세)이다.

22 아버지의 나이는 자식의 나이보다 24세 많고, 지금부터 6년 전에는 아버지의 나이가 자식의 나이의 5배였다. 자식의 현재 나이는 얼마인가?

① 12세

② 15세

③ 17세

④ 19세

> **✔해설** 자식의 나이를 x라 하면,
>
> $(x+24-6)=5(x-6)$, $48=4x$, $x=12$
>
> 아버지의 나이는 $12+24=36$
>
> $\therefore$ 아버지의 나이 36세, 자식의 나이는 12세

23 어느 농장에서는 닭과 토끼를 모두 15마리 키우고 있다. 닭과 토끼의 다리 수의 합이 40개일 때, 이 농장에 있는 토끼는 몇 마리인가?

① 1마리   ② 3마리

③ 5마리   ④ 8마리

✔해설 닭이 x마리, 토끼가 y마리 있다고 하면

$$\begin{cases} x+y=15 \\ 2x+4y=40 \end{cases} \quad \therefore \ x=10, \ y=5$$

따라서 농장에 있는 토끼는 5마리이다.

24 A기업의 작년 신입사원의 성비는 남녀가 5:4였고 올해는 작년에 비해 여성의 비율이 5% 증가하고 남성의 비율은 4% 감소한 225명의 신입사원이 입사하게 되었다. 작년에 입사한 신입사원의 수와 비교했을 때 올해 신입사원수의 변동은 얼마인가?

① 10명 증가   ② 10명 감소

③ 15명 증가   ④ 변동 없다.

✔해설 신입사원의 수를 a, 여자사원의 수를 b라 하면

남자사원의 수는 $\dfrac{5}{4}b$ $\therefore \ a=\dfrac{5}{4}b+b=\dfrac{9}{4}b$

올해는 남자사원이 4% 줄고 여자사원이 5% 증가하였으므로

$\dfrac{5}{4}b \times 0.96 + b \times 1.05 = 225, \ b=100$

$a=\dfrac{5}{4} \times 100 + 100 = 225 \, (명)$

$\therefore$ 올해와 작년의 신입사원 수는 같다.

25 시간당 5분씩 빠르게 가는 아날로그시계가 있다. 1월 1일 오후 12시에 시계를 정각으로 맞춰두었다면 시계가 원래 시간과 같아지는 시점은 언제인가?

① 6일 오전 12시   ② 6일 오후 12시

③ 7일 오전 12시   ④ 7일 오후 12시

✔해설 시계는 12시간 주기로 움직이므로 720분이 빨라지는 시점이 원래 시간과 같아지는 시점이 된다.

5분×(움직인 시간) = 720분

$\therefore$ 144시간, 즉 6일 후에 원래의 시간과 같아진다.

26 다이아몬드의 가격은 그 무게의 제곱에 비례한다고 한다. 가격이 270만원인 다이아몬드를 잘못하여 두 조각을 내었다. 나누어진 두 조각의 무게의 비가 2 : 1이라고 할 때, 깨뜨렸기 때문에 생긴 손해액은 얼마인가?

① 188만원

② 120만원

③ 125만원

④ 128만원

✔해설 작은 조각의 무게를 x라 하면

$(x+2x)^2 k = 270$ (단, k는 비례상수)

$9x^2 k = 270$, $x^2 k = 30$

따라서, 구하는 손해액은

$(x+2x)^2 k - \{x^2 k + (2x)^2 k\}$

$= 270 - (30 + 120) = 120$만원

27 K원을 형제에게 나누어주는데 형의 몫의 A배는 동생의 몫의 B배 이상이 되게 하려고 한다. 형이 받을 몫의 최솟값은 얼마 인가?

① $\dfrac{(B-A)}{2BK}$

② $\dfrac{ABK}{(A-B)}$

③ $\dfrac{BK}{(A+B)}$

④ $\dfrac{2BK}{(A+B)}$

✔해설 형이 받을 몫을 x로 두면, 동생이 받을 몫은 $(K-x)$이다.

형의 몫의 A배는 동생의 몫의 B배 이상 이므로, $Ax \geq B(K-x)$

정리하면, $(A+B)x \geq BK$, $x \geq \dfrac{BK}{(A+B)}$

최솟값 x를 구하는 것이기 때문에,

$\therefore \dfrac{BK}{(A+B)}$

28 20cm 길이의 동일한 용수철 3개를 그림과 같이 연결하고 AC의 길이가 60cm가 되도록 늘렸다. 이 때 길이의 비 AB : BC는?

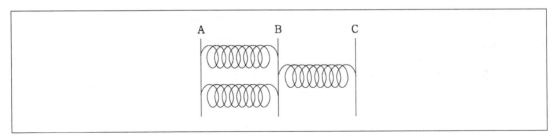

① 2 : 1   　　　　　　　　② 2 : 3

③ 4 : 5   　　　　　　　　④ 5 : 4

> ✔해설 현재의 길이에서 20cm가 더 늘어나야 하는데
> AB에는 용수철이 2개 있으므로 늘어나는 길이의 비는 AB : BC = 1 : 2가 된다.
> 늘어났을 때의 용수철 길이의 비는
> $\left(20+\dfrac{1}{3}\times20\right) : \left(20+\dfrac{2}{3}\times20\right) = 4 : 5$

29 원가에 25% 추가한 냉장고의 정가를 할인점에서 10% 할인해서 30개 판매한 것이 총판매액이 될 때 원가계산식은?

① $\dfrac{총판매액}{32.5}$ 　　　　　　　② $\dfrac{총판매액}{32.75}$

③ $\dfrac{총판매액}{33.5}$ 　　　　　　　④ $\dfrac{총판매액}{33.75}$

> ✔해설 원가를 x라 할 때
> 총판매액 $= (1+0.25)\times x\times(1-0.1)\times30$
> $= 33.75x$
> ∴ 원가 $x = \dfrac{총판매액}{33.75}$

30 서울 사람 2명과 대전 사람 2명, 대구, 부산, 세종 사람 각 1명씩 모여 7개의 의자에 일렬로 앉았다. 양쪽 끝에 같은 지역의 사람이 앉아있을 확률은?

① $\dfrac{1}{21}$

② $\dfrac{2}{21}$

③ $\dfrac{4}{21}$

④ $\dfrac{8}{21}$

> ✔해설 ㉠ 7명의 사람이 의자에 일렬로 앉을 수 있는 경우의 수 : 7!
> ㉡ 서울 사람이 양쪽 끝의 의자에 앉는 경우 : 5!×2
> ㉢ 대전 사람이 양쪽 끝의 의자에 앉는 경우 : 5!×2
> ∴ $\dfrac{㉡+㉢}{㉠} = \dfrac{5! \times 2 \times 2}{7!} = \dfrac{2}{21}$

31 어떤 물건의 정가는 원가에 x%이익을 더한 것이라고 한다. 그런데 물건이 팔리지 않아 정가의 x%를 할인하여 판매하였더니 원가의 4%의 손해가 생겼을 때, x의 값은?

① 5

② 10

③ 15

④ 20

> ✔해설 이 물건의 원가를 a라 하자.
> 이때 정가는 $\left(1 + \dfrac{x}{100}\right)a$이므로, 문제의 조건에 의하면
> $$\left(1 - \dfrac{x}{100}\right)\left(1 + \dfrac{x}{100}\right)a = \left(1 - \dfrac{4}{100}\right)a$$
> $$\Rightarrow \left(1 - \dfrac{x}{100}\right)\left(1 + \dfrac{x}{100}\right) = \dfrac{96}{100}$$
> $$\Rightarrow 1 - \left(\dfrac{x}{100}\right)^2 = \dfrac{96}{100}$$
> $$\Rightarrow \left(\dfrac{x}{100}\right)^2 = \dfrac{4}{100}$$
> $$\Rightarrow \dfrac{x}{100} = \dfrac{2}{10}$$
> $$\therefore x = \dfrac{2}{10} \times 100 = 20$$

32 구입가격 5,000원의 상품을, 3할의 이익이 남게 정가를 정했지만 판매부진으로 정가의 2할 할인으로 팔았다. 손익은 얼마인가?

① 150원 이익　　　　　　　　　　　② 150원 손해

③ 200원 이익　　　　　　　　　　　④ 200원 손해

✔ 해설　$5,000(1+0.3) \times (1-0.2) - 5,000 = 200$
　　　　∴ 200원 이익이다.

33 어떤 상품에 3할 이익이 남게 정가를 정하면 1,040원이 된다. 이 상품을 팔았을 때 2할의 이익을 얻게 하려면 판매가격을 얼마로 하면 되는가?

① 900원　　　　　　　　　　　　　② 920원

③ 930원　　　　　　　　　　　　　④ 960원

✔ 해설　원가를 x라 하면,
　　　　$x \times (1+0.3) = 1,040$
　　　　$1.3x = 1,040$
　　　　$x = 800$
　　　　2할의 이익을 남기려면
　　　　$800 \times (1+0.2) = 960$
　　　　∴ 판매가는 960(원)

34 원가가 150원의 상품을 200개 사들이고 4할 이익이 남게 정가를 정하여 판매하였지만 그 중 50개가 남았다. 팔다 남은 상품을 정가의 2할 할인으로 전부 팔았다면 이익의 총액은 얼마인가?

① 9,900원　　　　　　　　　　　　② 10,000원

③ 11,000원　　　　　　　　　　　④ 11,200원

✔ 해설　판매가의 이익은 $150 \times 0.4 = 60$이고,
　　　　150개 판매했으므로 $60 \times 150 = 9,000$(원)이다.
　　　　판매가에서 2할 할인가격은 $150(1+0.4)(1-0.2) = 168$(원)
　　　　원가와의 차익은 $168 - 150 = 18$(원)
　　　　나머지 판매에서 얻은 이익은 $18 \times 50 = 900$(원)
　　　　∴ 총 이익은 $9,000 + 900 = 9,900$원

35 A전자의 주식이 2월에 10% 하락하고 3월에 20% 올랐다. 2월 말과 3월 초의 주식의 가격이 같다면 2월 초와 3월 말의 주식의 가격을 비교한 것으로 옳은 것은?

① 5% 올랐다

② 8% 올랐다

③ 6% 내렸다

④ 변함없다

✔해설 2월 초의 주식의 가격을 x라 할 때,
주식의 가격이 10% 하락했으므로 2월 말의 주식의 가격은 $(1-0.1)x$,
3월 초의 주식의 가격이 2월 말과 같으므로 $(1-0.1)x$,
3월 말의 주식의 가격은 20% 올랐으므로 $(1-0.1)x \times 1.2 = 1.08x$
∴ 주식의 가격이 2월 초에 비해 8% 올랐다.

36 원가가 2,200원인 상품을 3할의 이익이 남도록 정가를 책정하였다. 하지만 판매부진으로 할인하여 판매하였고, 할인가가 원가보다 484원 저렴했다. 그렇다면 정가의 얼마를 할인한 것인가?

① 2할2푼

② 3할

③ 3할5푼

④ 4할

✔해설 정가 $= 2200(1+0.3) = 2860$(원)
할인율을 x라 하면 $2860 \times (1-x) - 2200 = -484$이므로
$2860 - 2860x = 1716$
$x = 0.4$
즉, 4할을 할인한 것이다.

37 900원짜리 사과와 300원짜리 귤을 합하여 9개를 사고 4,500원을 지불하였다. 이때 사과는 몇 개 샀는가?

① 1개   ② 2개

③ 3개   ④ 4개

> ✔해설 사과를 x개, 귤을 y개 샀다고 하면
>
> $\begin{cases} x+y=9 \\ 900x+300y=4{,}500 \end{cases}$, 즉 $\begin{cases} x+y=9 \\ 3x+y=15 \end{cases}$
>
> $\therefore\ x=3,\ y=6$
>
> 따라서 사과는 3개 샀다.

38 어떤 정수를 3배하고 7을 더하면 12보다 크다. 그리고 46에서 이 정수의 5배를 뺀 수는 13보다 크다. 이런 정수는 몇 개 있는가?

① 2개   ② 3개

③ 4개   ④ 5개

> ✔해설 어떤 정수를 x라 하면,
>
> $12 < 3x+7$
>
> $\therefore\ \dfrac{5}{3} < x$
>
> $46 - 5x > 13$
>
> $\therefore\ x < \dfrac{33}{5}$
>
> $\dfrac{5}{3} < x < \dfrac{33}{5}$ 즉, $1.66\ldots < x < 6.6\ldots$
>
> $\therefore$ 만족하는 정수는 2, 3, 4, 5, 6의 5개가 있다.

39 동수는 동물 혈액검사를 통해 30분마다 3배로 분열하는 세포를 발견했다. 세포 관찰을 시작하여 3시간 후에 2187개였다면, 처음에 몇 개의 세포였는가?

① 1개   ② 2개

③ 3개   ④ 4개

✔해설 처음 개수를 x라 하면,
30분 후에 $3x$개, 60분 후에 $9x$개, … 180분 후에 $729x$
$729x = 2187$, $x = 3$개

40 배가 난파하여 표류하던 A는 사과 1상자와 함께 무인도에 도달하게 되었다. 배가 고파진 A는 상자에 담겨있던 사과의 절반을 먹었고 둘째 날 상한 사과 10개를 버리고 남은 사과의 절반을 먹었다. 셋째 날 상한 사과 16개를 버리고 남은 사과의 절반을 먹었더니 8개 남았다. 처음에 상자에 있던 사과의 수는?

① 135개   ② 148개

③ 152개   ④ 161개

✔해설 상자에 담겨있던 처음 사과의 수를 x라 하면,
$$\left\{ \left(\frac{1}{2}x - 10 \right) \times \frac{1}{2} - 16 \right\} \times \frac{1}{2} = 8 \quad \therefore \ x = 148(개)$$

CHAPTER 03

공간지각력

1 다음 제시된 그림을 위로 뒤집고 오른쪽으로 뒤집은 후 시계 방향으로 270° 회전한 그림은?

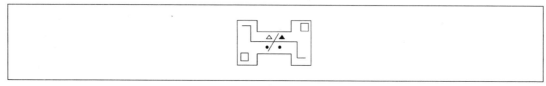

①

②

③

④

2 다음 제시된 그림을 시계 반대 방향으로 90° 회전한 후 위로 뒤집고 왼쪽으로 뒤집은 모양으로 옳은 것은?

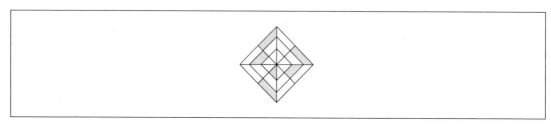

①

②

③

④

3 다음 제시된 그림을 시계 반대 방향으로 90° 회전한 후 왼쪽으로 뒤집고 시계 방향으로 다시 180° 회전시켰을 때 나올 수 있는 그림은?

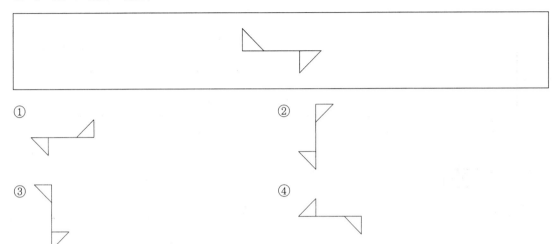

① ② ③ ④

4 다음 제시된 그림을 위로 뒤집고 시계 반대 방향으로 90° 회전한 후 다시 위로 뒤집고 오른쪽으로 뒤집었을 때 나오는 모양은?

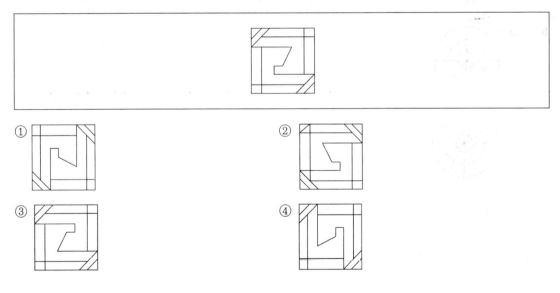

① ② ③ ④

Answer 1.② 2.④ 3.③ 4.④

5 다음 제시된 그림을 시계 반대 방향으로 270° 회전시키고 아래로 뒤집은 후 다시 시계 방향으로 90° 회전시키고 다시 아래로 뒤집었을 때 모양은?

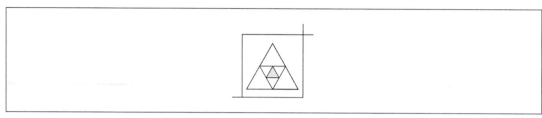

① 　　　　　②

③ 　　　　　④

▌6~13▌ 다음 중 나머지 셋과 다른 것을 고르시오.

6　①　　　　　　　　　　　②

③　　　　　　　　　　　④

✔**해설** ①③④는 회전관계, ②는 색칠된 부분이 다른 그림이다.

7

① 　②

③ 　④

✔해설 ①②④는 회전관계이나 ③은 ①을 뒤집어 놓은 그림이다(좌우대칭).

8

① 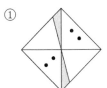　②

③ 　④

✔해설 ①②④는 회전관계, ③은 모양이 다른 그림이다.

9

① 　②

③ 　④

✔해설 ①②④는 회전관계, ③은 ○, × 표시가 반대로 되어 있다.

Answer　5.① 6.② 7.③ 8.③ 9.③

10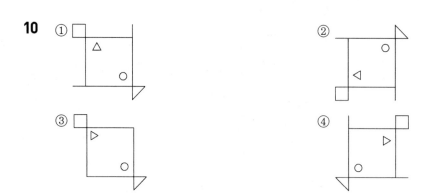

✔ 해설 　①②④ 회전관계, ③은 △의 형태가 다르며, 직선이 없다.

11

✔ 해설 　①③④ 회전관계, ②는 °의 위치가 다르다.

12
①   ②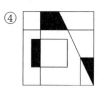

③ 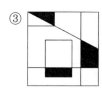 ④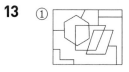

✔ 해설 ①②③은 회전관계이나 ④는 모양이 다르다.

13
①   ②

③   ④

✔ 해설 ①②④ 회전관계, ③은 모양이 다르다.

▌14~15▐ 다음 제시된 도형과 같은 도형을 고르시오.

14

①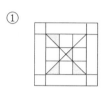

②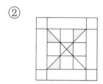

③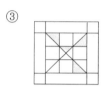

④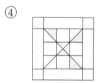

✔해설 ③ 제시된 도형을 시계 방향으로 90° 회전한 그림이다.

15

①

②

③

④

▌16~17▐ 아래에 제시된 그림과 같이 쌓기 위해 필요한 블록의 수는?

* 블록은 모양과 크기는 모두 동일한 정육면체임

16

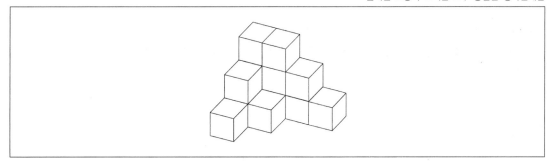

① 13

② 14

③ 15

④ 16

> ✔해설 바닥면부터 블록의 개수를 세어 보면, 7 + 4 + 2 = 13개이다.

17

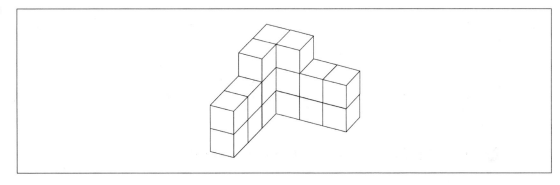

① 16

② 17

③ 18

④ 19

> ✔해설 비닥면부터 블록의 개수를 세어 보면, 7 + 7 + 3 = 17개이다.

▎18~20 ▎ 아래에 제시된 블록들을 화살표 표시한 방향에서 바라봤을 때의 모양으로 알맞은 것은?

※ 주의사항
• 블록은 모양과 크기는 모두 동일한 정육면체임.
• 바라보는 시선의 방향은 블록의 면과 수직을 이루며 원근에 의해 블록이 작게 보이는 효과는 고려하지 않음.

18

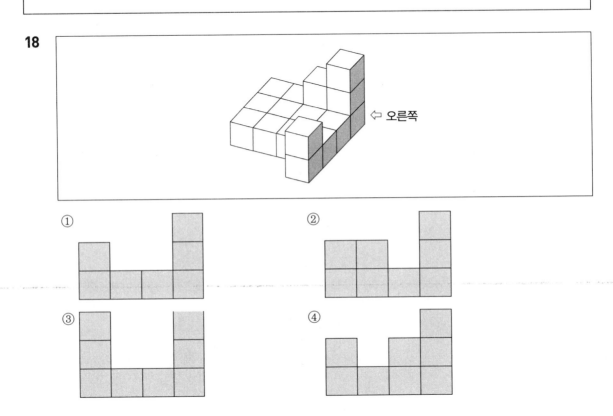

① ② ③ ④

✔해설 제시된 블록을 화살표 표시한 방향에서 바라보면 ①이 나타난다.

19

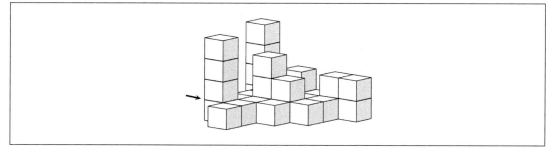

①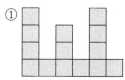

② (image ②)

③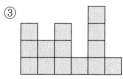

④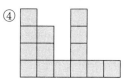

✔️**해설** 화살표 방향을 정면으로 왼쪽에서부터 1열이라고 할 때, 4 − 1 − 3 − 1 − 4 − 1층으로 보인다.

20

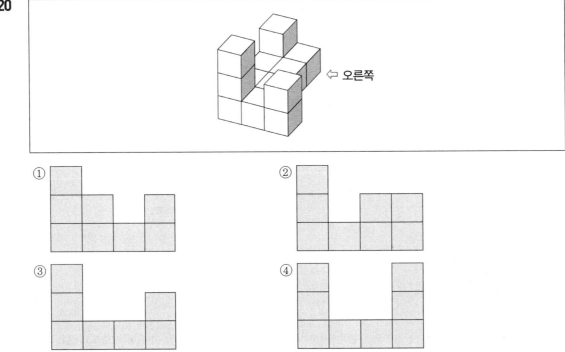

⇦ 오른쪽

① ② ③ ④

✔해설 제시된 블록을 화살표 표시한 방향에서 바라보면 ③이 나타난다.

┃21~22┃ 다음 제시된 블록에서 바닥에 닿은 면을 제외하고 어디서도 보이지 않는 블록의 개수를 고르시오.

21

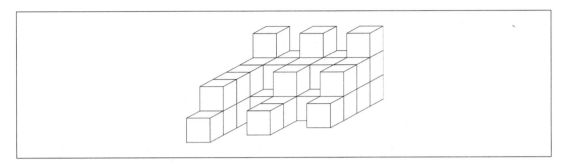

① 3개   ② 4개

③ 5개   ④ 6개

✔**해설** 다음에 표시된 맨 아래층 블록 4개가 어디서도 보이지 않는다.

2	1	1	1	2
1	0	0	0	1
1	2	0	2	1
2		3		4
2		4		
4				

22

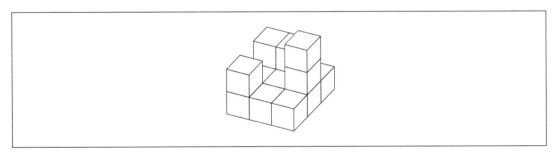

① 0개   ② 1개

③ 2개   ④ 3개

✔**해설** 모든 블록이 1면 이상 외부로 노출되어 있다

다음 전개도를 접었을 때, 나타나는 입체도형의 모양으로 알맞은 것을 고르시오.

23

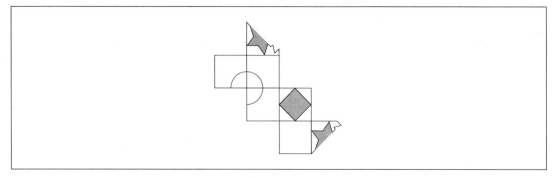

①

②

③

④

✔해설 제시된 전개도를 접으면 ③이 나타난다.

24

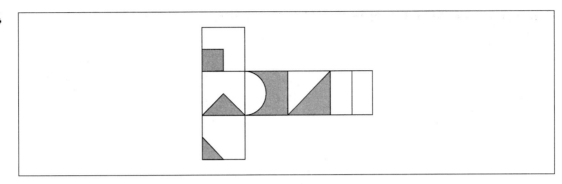

① 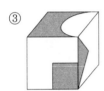   ②

③ ④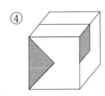

✔해설 제시된 전개도를 접으면 ④가 나타난다.

25

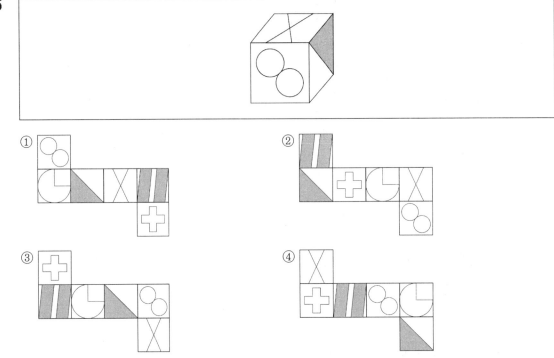

①

②

③

④

✔해설 제시된 도형을 전개하면 ③이 나타난다.

26

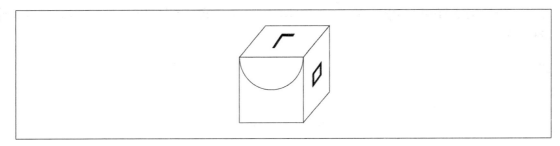

①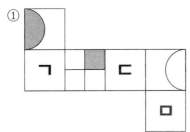

②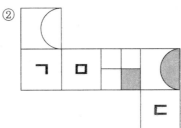

③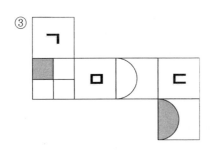

④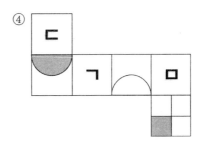

✔해설 제시된 도형을 전개하면 ①이 나타난다.

▌27~29▌ 다음 제시된 그림을 화살표 방향으로 접은 후 구멍을 뚫은 다음 다시 펼쳤을 때의 그림을 고르시오.

27

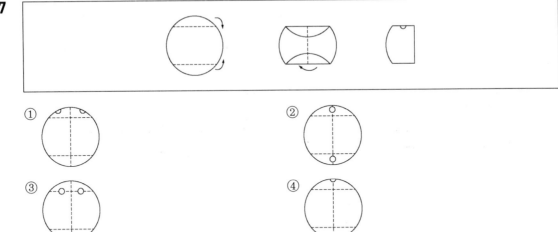

28

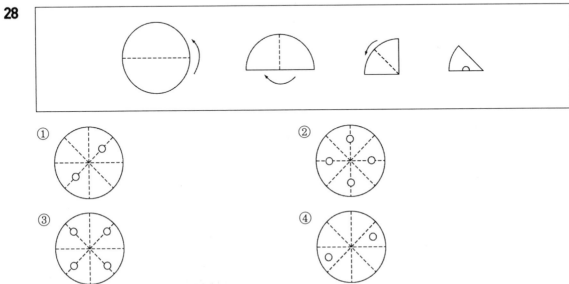

29

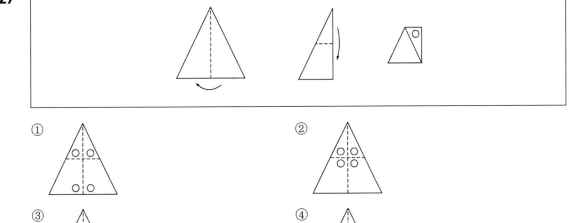

① ② ③ ④

|30~32| 다음 제시된 도형을 선을 따라 절단했을 때 나올 수 없는 모양을 고르시오.

30

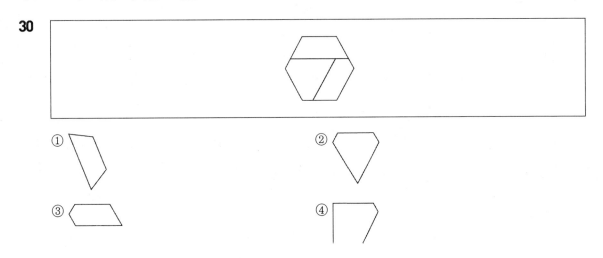

① ② ③ ④

31

①

②

③

④

32

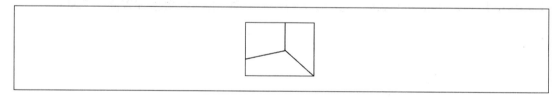

①

②

③

④

33

① ② ③ ④

34

① ② ③ ④

35

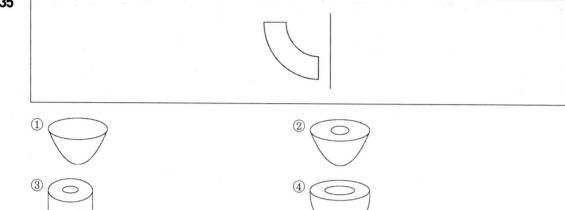

36

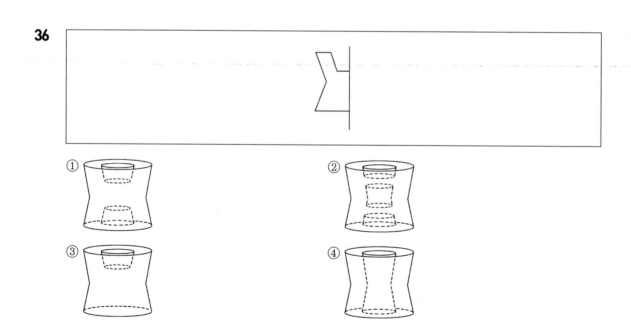

37

①

②

③

④

38

①

②

③

④

39

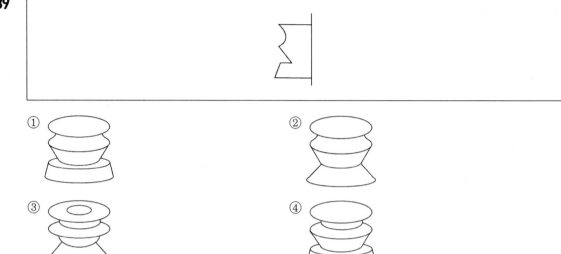

▌40~42 ▌ 다음 제시된 세 개의 단면을 참고하여 해당되는 입체도형을 고르시오.

40

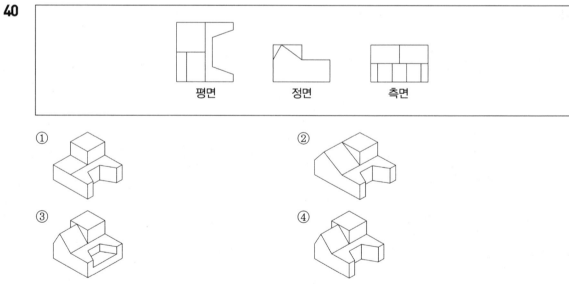

> **✔ 해설** ① 평면, 정면, 측면 모두 제시된 모양과 다르다.
> ② 평면, 정면의 모양이 제시된 모양과 다르다.
> ③ 평면, 측면의 모양이 제시된 모양과 다르다.

41

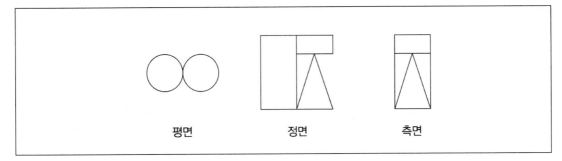

①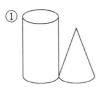

②

③

④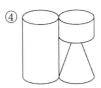

✔해설 ① 정면, 측면의 모양이 제시된 모양과 다르다.
② 정면, 측면의 모양이 제시된 모양과 다르다.
③ 평면의 모양이 제시된 모양과 다르다.

42

| 평면 | 정면 | 측면 |

①

②

③

④

> ✔해설 ② 평면과 정면의 모양이 제시된 모양과 다르다.
> ③ 정면과 측면의 모양이 제시된 모양과 다르다.
> ④ 평면과 측면의 모양이 제시된 모양과 다르다.

▌43~44▐ 다음 전개도를 접었을 때 두 점 사이의 거리가 가장 먼 것을 고르시오.

43

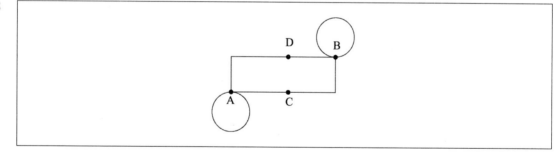

① AB   ② AC

③ BC   ④ BD

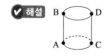

그림을 보면 BC의 거리가 가장 길다.

44

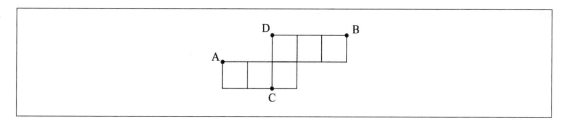

① AB

② AC

③ BC

④ BD

 그림을 보면 AC의 길이가 가장 길다.

┃45~46┃ 다음에 제시된 도형을 조합하여 만들 수 있는 모양으로 가장 알맞은 것을 고르시오.

45

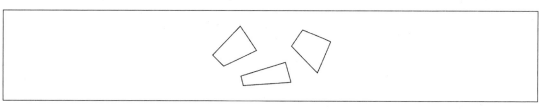

①

②

③

④

46

① 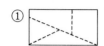　　　　　　②

③ 　　　　　　④

❙47~48❙ 다음 제시된 두 도형을 결합했을 때 만들 수 없는 형태를 고르시오.

47

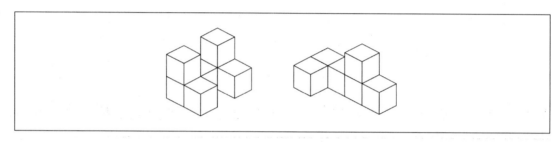

① 　　　　　　②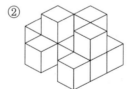

③ 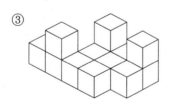　　　　　　④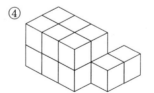

✔해설 ④

48

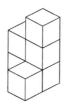 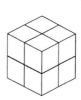

①

②

③

④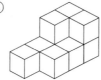

✔해설 ④

┃49~50┃ 다음 제시된 그림을 순서대로 연결하시오.

49

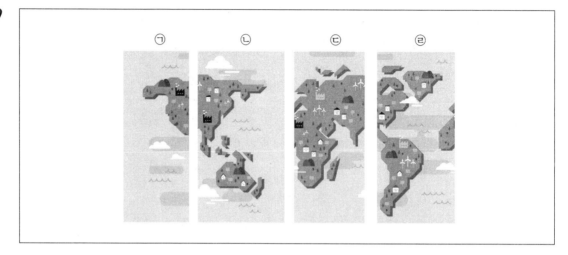

① ㉠㉣㉢㉡

② ㉠㉢㉣㉡

③ ㉡㉠㉣㉢

④ ㉠㉣㉡㉢

✔**해설** 지도의 단면을 고려하여 연결한다.

50

① ㉠㉡㉢㉣

② ㉣㉠㉡㉢

③ ㉢㉠㉡㉣

④ ㉢㉡㉠㉣

✔해설 그림에서 가장 중심이 되는 다리의 모양과 폭을 기준으로 연결한다.

CHAPTER 04

어휘력

┃1~5┃ 다음 제시된 단어와 유사한 의미를 가진 단어를 고르시오.

1

헤먹다

① 애달프다   ② 황당하다

③ 헐겁다   ④ 허무하다

> **✔ 해설** 헤먹다 … 들어 있는 물건보다 공간이 넓어서 자연스럽지 아니하다.
> ① 마음이 안타깝거나 쓰라리다.
> ② 말이나 행동 따위가 참되지 않고 터무니없다.
> ④ 무가치하고 무의미하게 느껴져 매우 허전하고 쓸쓸하다.

2

변상(辨償)

① 상환   ② 돌변

③ 상속   ④ 변조

> **✔ 해설** 변상(辨償) … 남에게 진 빚을 갚음. 또는 남에게 끼친 손해를 물어 줌
> ① 갚거나 돌려줌
> ② 뜻밖에 갑자기 달라지거나 달라지게 함
> ③ 뒤를 이음
> ④ 이미 이루어진 물체 따위를 다른 모양이나 다른 물건으로 바꾸어 만듦

3

은둔(隱遁)

① 은혜   ② 은밀

③ 친밀   ④ 칩거

> **✔ 해설** 은둔(隱遁) … 세상일을 피하여 숨음
> ① 고맙게 베풀어 주는 신세나 혜택
> ② 숨어 있어서 겉으로 드러나지 않음
> ③ 지내는 사이가 매우 친하고 가까움
> ④ 나가서 활동하지 아니하고 집 안에만 틀어박혀 있음

4

광활(廣闊)

① 도려내다   ② 후리다

③ 너르다   ④ 자르다

> **✔ 해설** 광활(廣闊) … 막힌 데가 없이 트이고 넓음
> ① 빙 돌려서 베거나 파내다.
> ② 휘몰아 채거나 쫓다. 또는 휘둘러 때리거나 치다.
> ③ 공간이 두루 다 넓다.
> ④ 동강을 내거나 끊어 내다. 또는 남의 요구를 야무지게 거절하다.

5

어언간(於焉間)

① 어차피   ② 미증유

③ 어느덧   ④ 가령

> **✔ 해설** 어언간(於焉間) … 알지 못하는 동안에 어느덧
> ① 이렇게 하든지 저렇게 하든지. 또는 이렇게 되든지 저렇게 되든지
> ② 지금까지 한 번도 있어 본 적이 없음
> ④ 가정하여 말하여

Answer   1.③ 2.① 3.④ 4.③ 5.③

▮6~10▮ 다음 주어진 단어와 반대 또는 상대되는 단어를 고르시오.

6

생때같다

① 허약하다   ② 순진하다

③ 튼실하다   ④ 순박하다

> ✔**해설** 생때같다 … 몸이 튼튼하여 병이 없음을 이르는 말이다.

7

격감(激減)

① 감격   ② 급증

③ 감소   ④ 격간

> ✔**해설** 격감(激減) … 수량이 갑자기 줆

8

곧추다

① 돋우다   ② 추리다

③ 굽히다   ④ 곧차다

> ✔**해설** 곧추다 … 굽은 것을 곧게 바로잡다.
> ① 위로 끌어 올려 도드라지거나 높아지게 하다.
> ② 섞여 있는 것에서 여럿을 뽑아내거나 골라내다.
> ④ 발길로 곧게 내어 지르다.

9

꺼림하다

① 개운하다   ② 떠름하다

③ 칼칼하다   ④ 거치적거리다

> ✔해설 꺼림하다 … 마음에 걸려 언짢은 느낌이 있다.
> ① 기분이나 몸이 상쾌하고 가뜬하다.
> ② 마음이 썩 내키지 아니하다.
> ③ 목이 말라서 물 따위를 마시고 싶은 느낌이다. 또는 맵거나 텁텁하여 목을 자극하는 맛이 있다.
> ④ 거추장스럽게 자꾸 여기저기 거치거나 닿다.

10

농익다

① 무르익다   ② 원숙하다

③ 설익다   ④ 흐무러지다.

> ✔해설 농익다 … 과실 따위가 흐무러지도록 푹 익다. 또는 (비유적으로) 일이나 분위기 따위가 성숙하다.

┃11~20┃ 다음 제시된 두 단어의 관계를 고르시오.

11

애오라지 : 겨우

① 비슷한 의미이다.

② 상반되는 의미이다.

③ 비슷하지도 상반되지도 않다.

> ✔해설 '애오라지'는 '겨우'를 강조하여 이르는 말이기 때문에 비슷한 의미이다.

12

열중 : 몰두

① 비슷한 의미이다.
② 상반된 의미이다.
③ 비슷하지도 상반되지도 않다.

✔**해설** 열중(熱中) … 한 가지 일에 정신을 쏟음
몰두(沒頭) … 어떤 일에 온 정신을 다 기울여 열중함

13

백중(伯仲) : 호각(互角)

① 비슷한 의미이다.
② 상반되는 의미이다.
③ 비슷하지도 상반되지도 않다.

✔**해설** 백중과 호각은 유의어 관계이다.
백중(伯仲) … 재주나 실력, 기술 따위가 서로 비슷하여 낫고 못함이 없음(= 호각)

14

알심 : 배알

① 비슷한 의미이다.
② 상반된 의미이다.
③ 비슷하지도 상반되지도 않다.

✔**해설** 알심 … 은근히 동정하는 마음 또는 보기보다 야무진 힘
배알 … 속마음(겉으로 드러나지 아니한 실제의 마음)을 낮잡아 이르는 말 또는 배짱을 낮잡아 이르는 말

15

옹졸하다 : 척박하다

① 비슷한 의미이다.

② 상반되는 의미이다.

③ 비슷하지도 상반되지도 않다.

> ✔해설 옹졸하다 ⋯ 성품이 너그럽지 못하고 생각이 좁음을 뜻한다.
> 척박하다 ⋯ 땅이 몹시 메마르고 기름지지 못함을 이르는 말이다.

16

드레 : 뒷갈망

① 비슷한 의미이다.

② 상반되는 의미이다.

③ 비슷하지도 상반되지도 않다.

> ✔해설 드레 ⋯ 인격적으로 점잖은 무게를 뜻한다.
> 뒷갈망 ⋯ 일이 벌어진 후에 그 뒤끝을 처리하는 것을 의미한다.

17

통설 : 이설

① 비슷한 의미이다.

② 상반되는 의미이다.

③ 비슷하지도 상반되지도 않다.

> ✔해설 통설 ⋯ 세상에 널리 알려지거나 일반적으로 인정되고 있는 설
> 이설 ⋯ 통용되는 것과는 다른 주장이나 의견

Answer 12.① 13.① 14.③ 15.③ 16.③ 17.②

18

정수(精髓) : 진수(眞髓)

① 비슷한 의미이다.

② 상반되는 의미이다.

③ 비슷하지도 상반되지도 않다.

> ✔ 해설 정수와 진수는 유의어 관계이다.
> 정수 … 사물의 중심이 되는 골자 또는 요점(= 진수)

19

오달지다 : 냉정하다

① 비슷한 의미이다.

② 상반되는 의미이다.

③ 비슷하지도 상반되지도 않다.

> ✔ 해설 오달지다 … 사람의 성질이나 행동, 생김새 따위가 빈틈없이 꽤 단단하고 굳세다.
> 냉정하다 … 남의 사정은 돌보지 않고 자기 생각만 하다.

20

감궂다 : 험상궂다

① 비슷한 의미이다.

② 상반된 의미이다.

③ 비슷하지도 상반되지도 않다.

> ✔ 해설 감궂다와 험상궂다는 유의어 관계이다.
> 감궂다 … 태도나 외모 따위가 불량스럽고 험상궂다.

▌21~26 ▌ 다음 제시된 두 사자성어 또는 속담의 관계를 고르시오.

21

> 백척간두(百尺竿頭) : 누란지위(累卵之危)

① 비슷한 의미이다.

② 상반되는 의미이다.

③ 비슷하지도 상반되지도 않다.

✔해설 몹시 어렵고 위태로운 지경을 뜻하는 사자성어들이다.

22

> 동족방뇨(凍足放尿) : 임시방편(臨時方便)

① 비슷한 의미이다.

② 상반되는 의미이다.

③ 비슷하지도 상반되지도 않다.

✔해설 동족방뇨(凍足放尿) … 근본적인 해결책이 아닌 임시변통으로 나쁜 결과를 가져옴을 비유하는 말
임시방편(臨時方便) … 갑자기 생긴 일을 우선 그때의 사정에 따라 둘러맞춰서 처리함을 이르는 말

23

> 금상첨화(錦上添花) : 설상가상(雪上加霜)

① 비슷한 의미이다.

② 상반되는 의미이다.

③ 비슷하지도 상반되지도 않다.

✔해설 금상첨화(錦上添花) … 비단 위에 꽃을 더한다는 뜻으로 좋은 일에 또 좋은 일이 더하여짐
설상가상(雪上加霜) … 눈 위에 또 서리가 내린다는 뜻으로 어려운 일이 겹침

Answer 18.① 19.③ 20.① 21.① 22.① 23.②

24

> 요순지절(堯舜之節) : 절개(節槪)

① 비슷한 의미이다.

② 상반된 의미이다.

③ 비슷하지도 상반되지도 않다.

> ✔해설 요순지절(堯舜之節) … 요임금과 순임금이 덕으로 천하를 다스리던 태평한 시대
> 절개(節槪) … 신념이나 신의 따위를 굽히지 아니하고 굳게 지키는 꿋꿋한 태도

25

> • 꿀 먹은 벙어리
> • 침 먹은 지네

① 비슷한 의미이다.

② 상반되는 의미이다.

③ 비슷하지도 상반되지도 않다.

> ✔해설 ① 할 말이 있어도 못하고 있거나 겁이 나서 기를 펴지 못하고 꼼짝 못하는 사람을 비유적으로 이르는
> 속담이다.

26

> • 서리 맞은 구렁이
> • 삼밭에 쑥대

① 비슷한 의미이다.

② 상반되는 의미이다.

③ 비슷하지도 상반되지도 않다.

> ✔해설 서리 맞은 구렁이 … 행동이 굼뜨고 힘이 없는 사람을 비유적으로 이르는 속담이다.
> 삼밭에 쑥대 … 좋은 환경에서 자라면 좋은 영향을 받게 됨을 비유적으로 이르는 속담이다.

| 27~31 | 다음 제시된 어구풀이에 해당하는 단어 또는 관용구를 고르시오.

27

남의 사정을 돌보지 않고 제 일만 생각하는 태도가 있다.

① 야멸치다　　　　　　　　② 야속하다
③ 야무지다　　　　　　　　④ 야물다

 ② 박정하고 쌀쌀함을 이르는 말이다.
　　③ 사람됨이나 행동이 빈틈이 없이 굳세고 단단함을 이르는 말이다.
　　④ 과일이나 곡식 따위가 알이 들어 단단하게 익음을 이르는 말이다.

28

일에는 마음을 두지 아니하고 쓸데없이 다른 짓을 함

① 방정　　　　　　　　　　② 해찰
③ 정평　　　　　　　　　　④ 자발

 ① 찬찬하지 못하고 몹시 가볍고 점잖지 못하게 하는 말이나 행동
　　③ 모든 사람이 다같이 인정하는 평판
　　④ 남이 시키거나 요청하지 아니하였는데도 자기 스스로 나아가 행함

29

겉으로는 드러나지 아니하고 깊은 곳에서 일고 있는 움직임

① 저류(底流)　　　　　　　② 강용(强慂)
③ 이연(怡然)　　　　　　　④ 경미(輕微)

 ① 강이나 바다의 바닥을 흐르는 물결, 겉으로는 드러나지 아니하고 깊은 곳에서 일고 있는 움직임을
　　비유적으로 이르는 말
　　② 익지로 권힘
　　③ 기쁘고 좋음
　　④ 가볍고 아주 적어서 대수롭지 아니함

Answer 24.③ 25..① 26.③ 27.① 28.② 29.①

30

움직이지 아니하고 가만히 있는 상태

① 소담(小膽)　　　　　　② 정태(靜態)

③ 태연(泰然)　　　　　　④ 이탈(離脫)

> ✔ 해설　① 겁이 많고 배짱이 없음
> ③ 마땅히 머뭇거리거나 두려워할 상황에서 태도나 기색이 아무렇지도 않은 듯이 예사로움
> ④ 어떤 범위나 대열 따위에서 떨어져 나오거나 떨어져 나감

31

보통사람들보다 뛰어난 인물

① 인재　　　　　　　　　② 자제

③ 도인　　　　　　　　　④ 우인

> ✔ 해설　② 남의 집안의 젊은이를 뜻한다.
> ③ 도를 닦는 사람을 뜻한다.
> ④ 어리석은 사람을 뜻한다.

┃32~36┃ 다음 제시된 단어에 해당하는 뜻을 고르시오.

32

귀결

① 상대방의 의견을 높이는 말

② 끝을 맺음

③ 본보기가 될 만한 것

④ 세상에 보기 드문 솜씨

> ✔ 해설　귀결 … 끝을 맺음을 이르는 말로 결과, 종결, 결론이라고도 한다.
> ① 고지(高志)　③ 귀감(龜鑑)　④ 귀공(鬼工)

33

늘품

① 겉으로 드러나 보이는 모양새
② 앞으로 좋게 발전할 품질이나 품성
③ 질이 좋은 물품
④ 인격이나 작품 따위에 드러나는 고상한 품격

✔해설 ① 볼품 ③ 가품 ④ 기품

34

수뇌(首腦)

① 모임이나 단체를 구성하는 인원
② 같은 직장이나 같은 부문에서 함께 일하는 사람
③ 단체에 소속된 한 구성원
④ 어떤 조직 또는 단체의 가장 핵심이 되는 자리를 차지한 사람

✔해설 수뇌(首腦) … 어떤 조직 또는 단체의 가장 핵심이 되는 자리를 차지한 사람을 이르는 말이다.
① 성원(成員) ② 동료(同僚) ③ 일원(一員)

35

역성

① 무조건 한쪽 편만 들어 줌
② 역습하여 나아가 싸움
③ 분개하여 성을 냄
④ 적대하는 미움

✔해설 ② 역전 ③ 분노 ④ 적대심

Answer 30.② 31.① 32.② 33.② 34.④ 35.①

36

곰살궂다

① 동작이 날쌔고 눈치가 빠르다

② 믿음성이 있다

③ 보기에 어리석고 둔한 데가 있다

④ 성질이 부드럽고 다정하다

✔ **해설** 곰살궂다 … 성질이 부드럽고 다정함 또는 꼼꼼하고 자세함을 이르는 말이다.
① 기민하다 ② 미쁘다 ③ 미련스럽다

┃37~41┃ 다음 중 (   ) 안에 들어갈 단어로 바른 것을 고르시오.

37

> 인삼은 한국 고유의 약용 특산물이었으며, 약재로서의 효능과 가치가 매우 높은 물건이었다. 중국과 일본에서는 조선 인삼에 대한 (   )이/가 폭발적으로 증가하였다. 이에 따라 인삼을 상품화하여 상업적 이익을 도모하는 상인들이 등장하였다. 특히 개인 자본을 이용하여 상업 활동을 하던 사상들이 평안도 지방과 송도를 근거지로 하여 인삼거래에 적극적으로 뛰어들었는데, 이들을 삼상이라고 하였다.

① 수요   ② 공급

③ 수출   ④ 제공

✔ **해설** ① 어떤 재화나 용역을 일정한 가격으로 사려고 하는 욕구

38

> 컴맹이던 고모는 이제 (   )한 작업은 컴퓨터로 할 수 있게 되었다.

① 웬만   ② 왠만

③ 웬간   ④ 앵간

✔ **해설** 웬만하다
㉠ 정도나 형편이 표준에 가깝거나 그보다 약간 낫다.
㉡ 허용되는 범위에서 크게 벗어나지 아니한 상태에 있다.

39

죽음의 (　　)(이)란, 우리가 언제 어디서든 죽을 수 있다는 것을 뜻한다. 이것은 부인할 수 없는 사실이고, 그 사실은 우리에게 죽음의 공포를 불러일으킨다.

① 특수성(特殊性)　　　　　　　　② 편재성(遍在性)
③ 사회성(社會性)　　　　　　　　④ 특이성(特異性)

✔해설 편재(遍在) … 널리 퍼져 있음

40

영국 국경관리국(UK Border Agency)은 최근 맨체스터공항을 통과하는 여행객들을 검색하기 위해 안면인식기술(Facial Recognition Technology)을 시범 적용했다. 우선 여행객은 전자여권 (㉠)와 본인 여부를 확인받는다. 다음으로 안면인식 스캐닝 장비가 장착된 심사대에서 사진을 찍은 여행객은 여권 칩에 기록된 자신의 이미지와 실제 이미지를 비교하는 과정을 거친다. 이 단계를 통과하지 못하는 여행객은 정밀한 추가 조사를 받거나 입국을 거부당하게 된다.

① 진의(眞意)　　　　　　　　　② 진의(眞意)
③ 진위(眞僞)　　　　　　　　　④ 진위(眞僞

✔해설 진의(眞意) : 속에 품고 있는 참뜻, 또는 진짜 의도를 말한다.
　　　진위(眞僞) : 참과 거짓 또는 진짜와 가짜를 통틀어 이르는 말이다.

41

조선조의 금속활자 인쇄는 속도가 빠르지 않았다. 세종 때 한 번 개량되었다고는 하지만, 조판 인쇄는 여전히 수작업에 의지하였다. 활자판에 먹을 칠하고 그 위에 종이를 얹어 솜망치로 두드린 뒤 한 장씩 떼어내는 방식은 조선조가 종언을 고할 때까지 변함이 없었다. 어느 쪽이 인쇄 속도가 빠르며, 대량인쇄에 유리한가는 (　　)을(를) 요하지 않는다.

① 췌언　　　　　　　　　　　　② 전언
③ 부언　　　　　　　　　　　　④ 첨언

✔해설 ① 쓸데없는 군더더기 말을 뜻한다.
　　　② 이전에 한 말을 뜻한다.
　　　③ 근거 없이 떠돌아다니는 말을 뜻한다.
　　　④ 덧붙이는 말을 뜻한다.

▮42~44▮ 다음 중 빈칸에 들어갈 단어들을 바르게 나열한 것을 고르시오.

42

> • 전기세 고지서가 (　　) 되었다.
> • 한국은행에서는 화폐를 (　　)한다.
> • 이 소포는 해외에서 (　　)된 것이다.

① 발부 – 발행 – 발신　　　　　② 발행 – 발간 – 발부

③ 발간 – 발행 – 발신　　　　　④ 발부 – 발행 – 발간

✔ 해설　㉠ 발간 : 책, 신문, 잡지 따위를 만들어 내는 것을 뜻한다.
　　　　㉡ 발부 : 증서, 영장 등을 발행함을 이르는 말이다.
　　　　㉢ 발신 : 소식이나 우편 또는 전신을 보내는 것을 의미한다.
　　　　㉣ 발행 : 화폐, 증권, 증명서 따위를 만들어 널리 쓰이도록 함을 이르는 말이다.

43

> • 회화는 소재에 따라 정물화, 인물화, 풍경화로 (　　) 할 수 있다.
> • 공업용 폐수의 성분을 (　　)했다.
> • 그 말이 무슨 의미인지 잘 (　　)되지 않았다.

① 분리 – 분류 – 분석　　　　　② 분석 – 분류 – 분간

③ 분류 – 분석 – 분간　　　　　④ 분간 – 분리 – 분석

✔ 해설　㉠ 분간 : 사물이나 사람의 옳고 그름이나 그 정체를 구별하는 것을 뜻한다.
　　　　㉡ 분류 : 종류에 따라 나눔을 이르는 말이다.
　　　　㉢ 분리 : 서로 나뉘어 떨어짐을 뜻한다.
　　　　㉣ 분석 : 구성 요소들로 자세히 나누어 살펴보는 것을 이르는 말이다.

44

> • 그 아이에게 그 일을 맡긴 것은 (   ) 처사이다.
> • (   ) 어른 앞에서는 말과 행동을 삼가야 한다.
> • (   ) 그렇다고 해도 나는 그를 믿는다.

① 모름지기 – 설령 – 다만

② 지당한 – 모름지기 – 설령

③ 지당한 – 설령 – 다만

④ 설령 – 다만 – 모름지기

> ✔해설 ㉠ 지당한 : 이치에 맞고 지극히 당연함을 이르는 말이다.
> ㉡ 모름지기 : 사리를 따져 보건데 마땅히, 반드시를 이르는 말이다.
> ㉢ 설령 : '~하더라도' 따위와 함께 쓰이는 부사이다.
> ㉣ 다만 : 다른 것이 아니라 오로지라는 의미의 부사이다.

45 어문 규정에 모두 맞게 표기된 문장은?

① 휴계실 안이 너무 시끄러웠다.

② 오늘은 웬지 기분이 좋습니다.

③ 밤을 세워 시험공부를 했습니다.

④ 아까는 어찌나 배가 고프던지 아무 생각도 안 나더라.

> ✔해설 ① 휴계실→휴게실
> ② 웬지→왠지
> ③ 세워→새워

46 어문 규정에 어긋난 것으로만 묶인 것은?

① 기여하고저, 뻐드렁니, 돌('첫 생일'), Nakdonggang('낙동강')

② 퍼붇다, 쳐부수다, 수돼지, Daegwallyeong('대관령')

③ 안성마춤, 삵괭이, 더우기, 지그잭('zigzag')

④ 고샅, 일찍이, 굼주리다, 빠리('Paris')

> ✔ 해설 ① 기여하고저 → 기여하고자
> ② 퍼붇다 → 퍼붓다
> ③ 안성마춤 → 안성맞춤, 삵괭이 → 살쾡이, 더우기 → 더욱이, 지그잭(zigzag) → 지그재그
> ④ 굼주리다 → 굶주리다, 빠리(Paris) → 파리

47 다음 중 띄어쓰기가 옳은 문장은?

① 같은 값이면 좀더 큰것을 달라고 해라.

② 나는 친구가 많기는 하지만 우리 집이 큰지 작은지를 아는 사람은 철수 뿐이다.

③ 진수는 마음 가는 대로 길을 떠났지만 집을 떠난지 열흘이 지나서는 갈 곳마저 없었다.

④ 경진은 애 쓴만큼 돈을 받고 싶었지만 주위에서는 그의 노력을 인정해 주지 않았다.

> ✔ 해설 ② 철수 뿐이다 → 철수뿐이다
> ③ 떠난지 → 떠난 지
> ④ 애 쓴만큼 → 애쓴 만큼

48 다음 중 발음이 옳은 것은?

① 아이를 안고[앙꼬] 힘겹게 계단을 올라갔다.

② 그는 이웃을 웃기기도[우: 끼기도]하고 울리기도 했다.

③ 무엇에 홀렸는지 넋이[넉씨] 다 나간 모습이었지.

④ 무릎과[무릅과] 무릎을 맞대고 협상을 계속한다.

> ✔ 해설 ① 안고[안: 꼬]
> ② 웃기기도[욷끼기도]
> ④ 무릎과[무릅꽈]

49 다음 중 밑줄 친 부분의 맞춤법 표기가 바른 것은?

① 벌레 한 마리 때문에 학생들이 <u>법썩</u>을 떨었다.
② <u>실낱같은</u> 희망을 버리지 않고 있다.
③ <u>오뚜기</u> 정신으로 위기를 헤쳐 나가야지.
④ <u>더우기</u> 몹시 무더운 초여름 날씨를 예상한다.

 ① 법썩→법석
③ 오뚜기→오뚝이
④ 더우기→더욱이

50 외래어 표기가 옳은 것은?

① 뷔페 – 초콜렛 – 컬러
② 컨셉 – 서비스 – 윈도
③ 파이팅 – 악세사리 – 리더십
④ 플래카드 – 로봇 – 캐럴

 ① 초콜렛→초콜릿
② 컨셉→콘셉트
③ 악세사리→액세서리

CHAPTER 05

지각정확성

▌1~2▌ 다음 중 나머지와 규칙이 다른 하나를 고르시오.

1 ① 2 3 6 7　　　　　　　　② ㄴ ㄷ ㅂ ㅅ
　　③ Ⅱ Ⅲ Ⅴ Ⅵ　　　　　　④ ⓑ ⓒ ⓕ ⓖ

> ✔해설 ③ 'Ⅱ Ⅲ Ⅵ Ⅶ'가 되어야 동일한 규칙이 된다.

1	2	3	4	5	6	7
ㄱ	ㄴ	ㄷ	ㄹ	ㅁ	ㅂ	ㅅ
Ⅰ	Ⅱ	Ⅲ	Ⅳ	Ⅴ	Ⅵ	Ⅶ
ⓐ	ⓑ	ⓒ	ⓓ	ⓔ	ⓕ	ⓖ

2 ① 강 낭 망 방　　　　　　② ① ② ⑥ ⑦
　　③ ⓐ ⓑ ⓕ ⓖ　　　　　　④ 빨 주 남 보

> ✔해설 ① '강 낭 방 상'이 되어야 동일한 규칙이 된다.

강	낭	당	랑	망	방	상
①	②	③	④	⑤	⑥	⑦
ⓐ	ⓑ	ⓒ	ⓓ	ⓔ	ⓕ	ⓖ
빨	주	노	초	파	남	보

▎3~5 ▎ 좌우를 비교하여 배열과 문자가 틀린 것이 몇 개인지 고르시오.

3

하늘에서내리는일억개의별	하늘애서리는내십억의개별

① 5개   ② 6개

③ 7개   ④ 8개

✔ 해설 하늘**에**서**내리는**일억**개**의별 – 하늘**애**서**리는**내**십**억**의개**별

4

fjklgihfsj   fiklgjhbsj

① 1개   ② 2개

③ 3개   ④ 4개

✔ 해설 f**j**kl**gi**h**f**sj f**ik**l**gj**h**b**sj

5

dsf5dfs73w19g   dsp5bts23v19g

① 7개   ② 5개

③ 3개   ④ 1개

✔ 해설 ds**f**5**df**s73**w**19g ds**p**5**bt**s23**v**19g

과자	고기	과거	과소	과대	과학	계획	과장
괴기	고지	고장	사용	과장	계획	과자	고소
고잔	제도	경과	초시	현재	과격	사용	과소
과자	고장	고잔	고소	소송	과학	과자	괴기
거울	경제	교육	언어	초시	경칩	고지	괴기
고장	소송	고소	거울	과장	과소	제도	고지
고소	소송	경제	과소	경칩	고소	괴기	고장
사용	교육	계획	과학	과소	초시	경제	고잔

6 ① 2개 ② 3개
  ③ 4개 ④ 5개

✔ 해설

과자	고기	과거	과소	과대	과학	계획	과장
괴기	고지	고장	사용	과장	계획	과자	고소
고잔	제도	경과	초시	현재	과격	사용	과소
과자	고장	고잔	고소	소송	과학	과자	괴기
거울	경제	교육	언어	초시	경칩	고지	괴기
고장	소송	고소	거울	과장	과소	제도	고지
고소	소송	경제	과소	경칩	고소	괴기	고장
사용	교육	계획	과학	과소	초시	경제	고잔

7

경칩

① 2개   ② 3개

③ 4개   ④ 5개

✔ 해설

과자	고기	과거	과소	과대	과학	계획	과장
괴기	고지	고장	사용	과장	계획	과자	고소
고잔	제도	경과	초시	현재	과격	사용	과소
과자	고장	고잔	고소	소송	과학	과자	괴기
거울	경제	교육	언어	초시	경칩	고지	괴기
고장	소송	고소	거울	과장	과소	제도	고지
고소	소송	경제	과소	경칩	고소	괴기	고장
사용	교육	계획	과학	과소	초시	경제	고잔

8

과소

① 2개   ② 3개

③ 4개   ④ 5개

✔ 해설

과자	고기	과거	과소	과대	과학	계획	과장
괴기	고지	고장	사용	과장	계획	과자	고소
고잔	제도	경과	초시	현재	과격	사용	과소
과자	고장	고잔	고소	소송	과학	과자	괴기
거울	경제	교육	언어	초시	경칩	고지	괴기
고장	소송	고소	거울	과장	과소	제도	고지
고소	소송	경제	과소	경칩	고소	괴기	고장
사용	교육	계획	과학	과소	초시	경제	고잔

Answer   6.③   7.①   8.④

▌9~10▌ 다음 왼쪽과 오른쪽 문자, 숫자의 대응을 참고하여 각 문제의 대응이 같으면 '① 맞음'을, 틀리면 '② 틀림'을 선택하시오.

1=강	2=층	3=날	4=라	5=닟	6=찬
7=빙	8=댄	9=민	10=쟁	11=핀	12=홍

9

층 홍 라 닟 핀 - 2 12 4 5 11

① 맞음   ② 틀림

✔해설 2=층, 12=홍, 4=라, 5=닟, 11=핀

10

댄 날 찬 빙 쟁 - 8 3 6 7 10

① 맞음   ② 틀림

✔해설 8=댄, 3=날, 6=찬, 7=빙, 10=쟁

▌11~13▌ 다음 중 반복되는 개수에 해당하는 문자를 고르시오.

양	약	얌	얀
얀	얕	얌	양
얌	얌	얕	얌
약	얀	약	얀
양	약	얌	약

11

6개

① 양   ② 얃

③ 약   ④ 얌

 해설

양	약	양	얀
얀	얕	얌	양
얌	양	얕	얌
약	얀	약	얀
양	약	양	약

12

5개

① 얌   ② 얀

③ 약   ④ 양

 해설

양	약	양	얀
얀	얕	얌	양
얌	양	얕	얌
약	얀	약	얀
양	약	양	약

13

2개

① 얌   ② 얕

③ 양   ④ 얀

 해설

양	약	양	얀
얀	얕	얌	양
얌	양	얕	얌
약	얀	약	얀
양	약	양	약

Answer   9.①   10.①   11.①   12.③   13.②

| 14~15 | 다음 왼쪽과 오른쪽 기호, 문자, 숫자의 대응을 참고하여 각 문제의 대응이 같으면 '① 맞음'을, 틀리면 '② 틀림'을 선택하시오.

♩=강	♭=바	♯=람	♫=산	♬=들
⋈=숲	⋈=성	⋈=풀	◄=해	⋈=달

14

풀 바 들 강 숲 – ⋈ ♭ ♬ ♩ ⋈

① 맞음   ② 틀림

✔ 해설 풀=⋈, 바=♭, 들=♬, 강=♩, 숲=⋈

15

산 람 성 달 바 – ♫ ♯ ⋈ ⋈ ♭

① 맞음   ② 틀림

✔ 해설 산=♫, 람=♯, **성=⋈**, 달=⋈, 바=♭

| 16~18 | 다음 표를 보고 제시되지 않은 단어를 고르시오.

수영	수정	수도	수원	수산
수삼	수들	수울	수영	수가
수와	수서	수완	수만	수얼
수평	수질	수풀	수번	수맙
수화	수석	수먹	수덩	수돌

16 ① 수사   ② 수와
       ③ 수번   ④ 수도

✔ 해설

수영	수정	수도	수원	수산
수삼	수들	수울	수영	수가
수와	수서	수완	수만	수얼
수평	수질	수풀	수번	수맙
수화	수석	수먹	수덩	수돌

17 ① 수영 ② 수들

③ 수편 ④ 수질

✔ 해설

수영	수정	수도	수원	수산
수삼	수들	수울	수영	수가
수와	수서	수완	수만	수얼
수평	수질	수풀	수번	수맙
수화	수석	수먹	수덩	수돌

18 ① 수가 ② 수말

③ 수화 ④ 수돌

✔ 해설

수영	수정	수도	수원	수산
수삼	수들	수울	수영	수가
수와	수서	수완	수만	수얼
수평	수질	수풀	수번	수맙
수화	수석	수먹	수덩	수돌

Answer 14.① 15.② 16.① 17.③ 18.②

▎19~21▎ 다음 표를 보고 제시된 문자 중 가장 많이 반복된 문자를 고르시오.

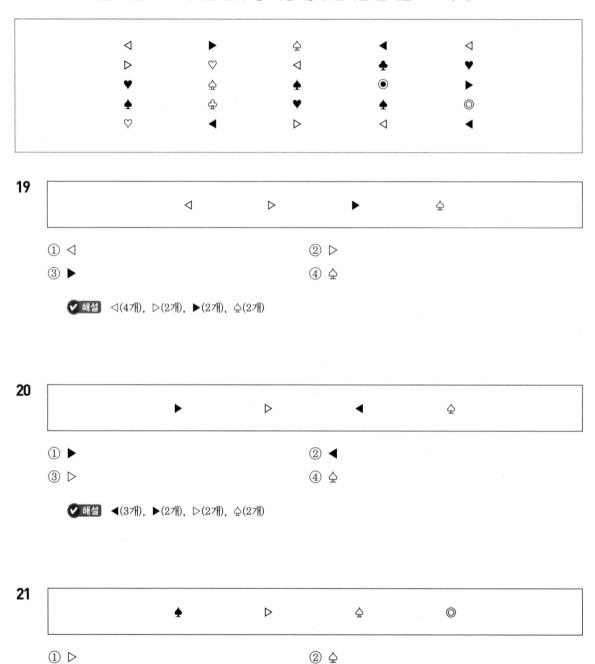

◁	▶	♤	◀	◁
▷	♡	◁	♣	♥
♥	♧	♠	◉	▶
♠	♧	♥	♠	◎
♡	◀	▷	◁	◀

19

◁	▷	▶	♤

① ◁   ② ▷
③ ▶   ④ ♤

✔ **해설**   ◁(4개), ▷(2개), ▶(2개), ♤(2개)

20

▶	▷	◀	♤

① ▶   ② ◀
③ ▷   ④ ♤

✔ **해설**   ◀(3개), ▶(2개), ▷(2개), ♤(2개)

21

♠	▷	♤	◎

① ▷   ② ♤
③ ♠   ④ ♡

✔ **해설**   ♠(3개), ▷(2개), ♤(2개), ◎(1개)

▌22～24 ▌ 다음 짝지어진 문자 중에서 서로 다른 것을 찾으시오.

22 ① 세카이니히토츠다케노하나 – 세카이니히토츠다케노하나
② 키스시타마마사요나라라라 – 키스시타마마사요나라라라
③ 키코에나이후리오시테타노 – 키코에나이흐라오시테타노
④ 유메데키미오다키시메테이루 – 유메데키미오다키시메테이루

✔**해설** ③ 키코에나이**후리**오시테타노 – 키코에나이**흐라**오시테타노

23 ① fjsdfopjorp – fjsdfopjorp
② 54896315 – 54896315
③ 소수득별준 – 소수특별준
④ 웬걸왠지웽왱 – 웬걸왠지웽왱

✔**해설** ③ 소수**득**별준–소수**특**별준

24 ① sadflkjdlksjf – sadflkjdlksjf
② 철수책상철책상 – 철수책상철책상
③ 15149528479 – 15149528479
④ 頂上會談報道局 – 頂上會淡報道局

✔**해설** ④ 頂上會**談**報道局 – 頂上會**淡**報道局

Answer 19.① 20.② 21.③ 22.③ 23.③ 24.④

┃ 25~27 ┃ 다음 제시된 문자열과 같은 것을 고르시오.

25

> 깨끗한소형오피스텔

① 깨끗한소형오피스텔　　　　　　② 깨끗한소형오피스텔
③ 께끗한소형오피스텔　　　　　　④ 깨끗한소형오피스텔

 ① 깨끗한소**형**오피스텔
③ **께**끗한소형오피스텔
④ 깨끗한소형오피스**텔**

26

> DASGDSGLSNDBZOCNQN

① DASGDSGLSVDBZOCNQN　　　　② DASGBSGLSNDBZOCNQN
③ DASGDSGLSNDBZOCNQN　　　　④ DASGDSGLSNBDZOCNQN

 ① DASGDSGLS**V**DBZOCNQN
② DASG**B**SGLSNDBZOCNQN
④ DASGDSGLSN**BD**ZOCNQN

27

> アカサタナバマライキシ

① アカサタナバマタイキシ　　　　② アカサタナサマライキシ
③ アカサタナバマライキシ　　　　④ アマサタナバマライキシ

 ① アカサタナバマ**タ**イキシ
② アカサタナ**サ**マライキシ
④ ア**マ**サタナバマライキシ

28

> 나랏말싸미듕귁에달아

① 나랏말싸미듕귁에달아   ② 나랏말싸미둥귁에달아

③ 나랏말싸미듕귁에달아   ④ 나랏말싸미듕귁에달아

✔ **해설** ② 나랏말싸미**둥**귁에달아

29

> GOODFORYOU

① GOODFORYOU

② GOODEORYOU

③ GOODFORYOU

④ GOODFORYOU

✔ **해설** ② GOOD**E**ORYOU

30

> 154684532184648

① 154684532184648

② 154684582184648

③ 154684532184648

④ 154684532184648

✔ **해설** ② 154684582184648

▌31~33▐ 다음에서 왼쪽에 표시된 문자를 오른쪽에서 찾아 개수를 구하시오.

31

ㄹ	두 볼에 흐르는 빛은 정작으로 고와서 서러워라

① 2개　　　　　　　　　　　　② 3개

③ 4개　　　　　　　　　　　　④ 5개

　　✔해설 두 **볼**에 흐르는 빛은 정작으**로** 고와서 서**러**워**라**

32

#	!@#$%#&₩+#×℃⇨#※

① 1　　　　　　　　　　　　② 2

③ 3　　　　　　　　　　　　④ 4

　　✔해설 !@#$%#&₩+#×℃⇨#※

33

9	35362182028883291234

① 1　　　　　　　　　　　　② 2

③ 3　　　　　　　　　　　　④ 4

　　✔해설 35362182028883291234

┃34~36┃ 다음 제시된 두 글을 비교하여 각 문장이 서로 같으면 ①, 다르면 ②를 선택하시오.

34

> 삼국유사에 처음 실린 단군신화를 보면 처음에 하늘나라 임금인 환인의 아들 환웅이 인간세상을 보다가 그 중 태백산 신단수에 내려와 곰과 호랑이에게 쑥과 마늘을 주고 각각 100일 동안 동굴 안에서 빛을 보지 않으면 사람이 된다고 했다. 곰은 참을성이 많아 삼칠일(三七日)을 견뎌 여자가 되었지만 호랑이는 그만 참지 못하고 동굴 밖을 뛰쳐나가 사람이 되지 못했다.

> 삼국유사에 처음 실린 단군신화를 보면 처음에 하늘나라 임금인 환인의 아들 환웅이 인간세상을 보다가 그 중 태백산 신단수에 내려와 곰과 호랑이에게 쑥과 마늘을 주고 각각 100일 동안 동굴 안에서 빛을 보지 않으면 사람이 된다고 했다. 곰은 참을성이 많아 삼칠일(三七日)을 견뎌 여자가 되었지만 호랑이는 그만 참지 못하고 동굴 밖을 뛰쳐나가 사람이 되지 못했다.

① 같다 　　　　　　　　　　　　　② 다르다

 해설

> 삼국유사에 처음 실린 단군신화를 보면 처음에 하늘나라 임금인 환인의 아들 환웅이 인간세상을 보다가 그 중 태백산 신단수에 내려와 곰과 호랑이에게 쑥과 마늘을 주고 각각 100일 동안 동굴 안에서 빛을 보지 않으면 사람이 된다고 했다. 곰은 참을성이 많아 삼칠일(三七日)을 견뎌 여자가 되었지만 호랑이는 그만 참지 못하고 동굴 밖을 뛰쳐나가 사람이 되지 못했다.

> 삼국유사에 처음 실린 단군신화를 보면 처음에 하늘나라 임금인 환인의 아들 환웅이 인간세상을 보다가 그 중 태백산 신단수에 내려와 곰과 호랑이에게 쑥과 마늘을 주고 각각 100일 동안 동굴 안에서 빛을 보지 않으면 사람이 된다고 했다. 곰은 참을성이 많아 삼칠일(三七日)을 견뎌 여자가 되었지만 호랑이는 그만 참지 못하고 동굴 밖을 뛰쳐나가 사람이 되지 못했다.

35

개는 옛날부터 집을 지키거나 망을 보는 용도로 사육(飼育)되어 왔으며, 고대 이집트에서는 특히 규방(閨房)을 지키는 용도로 사육되었다. 투견(鬪犬)의 역사(歷史)도 로마시대까지 거슬러 올라간다. 또 이 시대에는 군용견(軍用犬)으로서 전쟁터에서 쓰이기도 하였다. 유럽의 민속(民俗)에서는 개가 유령(幽靈), 악령(惡靈), 신(神) 및 죽음을 고하는 천사(天使)를 볼 수 있는 힘을 가졌다고 믿기도 하였다.

개는 옛날부터 집을 지키거나 망을 보는 용도로 사육(飼育)되어 왔으며, 고대 이집트에서는 특히 규방(閨房)을 지키는 용도로 사육되었다. 투견(鬪犬)의 역사(歷史)도 로마시대까지 거슬러 올라간다. 또 이 시대에는 군용견(軍用犬)으로서 전쟁터에서 쓰이기도 하였다. 유럽의 민속(民俗)에서는 개가 유령(幼齡), 악령(惡靈), 신(神) 및 죽음을 고하는 천사(天使)를 볼 수 있는 힘을 가졌다고 믿기도 하였다.

① 같다   ② 다르다

 해설

개는 옛날부터 집을 지키거나 망을 보는 용도로 사육(飼育)되어 왔으며, 고대 이집트에서는 특히 규방(閨房)을 지키는 용도로 사육되었다. 투견(鬪犬)의 역사(歷史)도 로마시대까지 거슬러 올라간다. 또 이 시대에는 군용견(軍用犬)으로서 전쟁터에서 쓰이기도 하였다. 유럽의 민속(民俗)에서는 개가 유령(**幽**靈), 악령(惡靈), 신(神) 및 죽음을 고하는 천사(天使)를 볼 수 있는 힘을 가졌다고 믿기도 하였다.

개는 옛날부터 집을 지키거나 망을 보는 용도로 사육(飼育)되어 왔으며, 고대 이집트에서는 특히 규방(閨房)을 지키는 용도로 사육되었다. 투견(鬪犬)의 역사(歷史)도 로마시대까지 거슬러 올라간다. 또 이 시대에는 군용견(軍用犬)으로서 전쟁터에서 쓰이기도 하였다. 유럽의 민속(民俗)에서는 개가 유령(**幼**齡), 악령(惡靈), 신(神) 및 죽음을 고하는 천사(天使)를 볼 수 있는 힘을 가졌다고 믿기도 하였다.

36

정보화사회의 본질은 정보기기의 설치나 발전에 있는 것이 아니라 그것을 이용한 정보의 효율적 생산과 유통, 그리고 이를 통한 풍요로운 삶의 추구에 있다.

정보화사회의 본질은 정보기기의 설치나 발달에 있는 것이 아니라 그것을 이용한 정보의 효율적 생산과 유통, 그리고 이를 통한 풍요로운 삶의 추구에 있다.

① 같다 　　　　　　　　　　② 다르다

 해설

정보화사회의 본질은 정보기기의 설치나 **발전**에 있는 것이 아니라 그것을 이용한 정보의 효율적 생산과 유통, 그리고 이를 통한 풍요로운 삶의 추구에 있다.

정보화사회의 본질은 정보기기의 설치나 **발달**에 있는 것이 아니라 그것을 이용한 정보의 효율적 생산과 유통, 그리고 이를 통한 풍요로운 삶의 추구에 있다.

▌37~38▐ 다음 제시된 글을 읽고 물음에 답하시오.

우리나라는 예부터 유교의 영향을 많이 받은 국가로 제사를 지내는 전통 또한 유교의 영향이라 할 수 있다. 제사는 돌아가신 조상께 음식을 바치며 기원을 드리거나 추모하는 의식을 말하는데 주로 1년 중에 명절과 돌아가신 기일에 각각 지내며 이때는 온 가족이 함께 모여 음식을 만들고 의식을 행한다. 조선시대 때는 민간에서는 물론 국가적인 차원에서도 제사를 지냈는데 종묘·사직에 제사를 지낸 것이 그것이다.

37 위 글에서 '유교'라는 단어는 모두 몇 번 나오는가?

① 1번 　　　　　　　　　　② 2번

③ 3번 　　　　　　　　　　④ 4번

 해설

우리나라는 예부터 **유교**의 영향을 많이 받은 국가로 제사를 지내는 전통 또한 **유교**의 영향이라 할 수 있다. 제사는 돌아가신 조상께 음식을 바치며 기원을 드리거나 추모하는 의식을 말하는데 주로 1년 중에 명절과 돌아가신 기일에 각각 지내며 이때는 온 가족이 함께 모여 음식을 만들고 의식을 행한다. 조선시대 때는 민간에서는 물론 국가적인 차원에서도 제사를 지냈는데 종묘·사직에 제사를 지낸 것이 그것이다.

38 위 글은 모두 몇 문장으로 이루어져 있는가?

① 1문장 　　　　　　　　　② 2문장

③ 3문장 　　　　　　　　　④ 4문장

✔해설 위 글은 모두 3문장으로 이루어져 있다.

따라서 예부터 사람들은 바둑은 각자의 성품과 도량을 표현하며 바둑 한 판 한 판에서 발생하는 상황들이 인생의 흥망성쇠와 희노애락과 비슷하여 인격수양에 도움이 된다고 여겼다. 우리나라에서 바둑에 대한 기사가 처음 나온 것은 삼국시대로 중국의 「구당서(舊唐書)」에는 '고구려는 바둑·투호의 유희를 좋아한다.'고 나와 있고, 「후한서(後漢書)」에는 '백제의 풍속은 말타고 활쏘는 것을 중히 여기며 역사서적도 사랑한다. 토호·저포와 여러 유희가 있는데 바둑을 더 숭상한다.'고 기록되어 있다.

39 위 글에서 '바둑'이라는 단어는 모두 몇 번 나오는가?

① 3번　　　　　　　　　　　　　② 5번
③ 7번　　　　　　　　　　　　　④ 9번

 해설

따라서 예부터 사람들은 **바둑**은 각자의 성품과 도량을 표현하며 **바둑** 한 판 한 판에서 발생하는 상황들이 인생의 흥망성쇠와 희노애락과 비슷하여 인격수양에 도움이 된다고 여겼다. 우리나라에서 **바둑**에 대한 기사가 처음 나온 것은 삼국시대로 중국의 「구당서(舊唐書)」에는 '고구려는 **바둑**·투호의 유희를 좋아한다.'고 나와 있고, 「후한서(後漢書)」에는 '백제의 풍속은 말타고 활쏘는 것을 중히 여기며 역사서적도 사랑한다. 토호·저포와 여러 유희가 있는데 **바둑**을 더 숭상한다.'고 기록되어 있다.

40 위 글은 모두 몇 문장으로 이루어져 있는가?

① 2문장　　　　　　　　　　　　② 5문장
③ 7문장　　　　　　　　　　　　④ 9문장

해설 위 글은 모두 2문장으로 이루어져 있다.

CHAPTER 06

수추리력

┃1~10┃ 다음 제시된 숫자의 배열을 보고 규칙을 적용하여 빈칸에 들어갈 알맞은 숫자를 고르시오.

1

| 1 2 3 5 8 13 ( ) 34 |

① 17   ② 19

③ 21   ④ 23

✔**해설** 앞의 두 항을 더한 것이 다음 항이 되는 피보나치수열이다.

2

| 1 3 6 4 8 32 28 34 204 ( ) |

① 195   ② 196

③ 197   ④ 198

✔**해설** 처음에 앞의 숫자에 +2, ×2, −2의 수식이 행해지고 그 다음에는 +4, ×4, −4 그 다음은 +6, ×6, −6의 수식이 행해진다.

3

| 1 5 11 −5 21 ( ) 31 −25 |

① 10   ② −10

③ 15   ④ −15

✔**해설** 1, 3, 5, 7항은 +10의 규칙을, 2, 4, 6, 8항은 −10의 규칙을 가진다. 따라서 −5−10=−15

4

	1	3	( )	15	31	63	127

① 5   ② 7

③ 9   ④ 11

✔️해설 $+2$, $+2^2$, $+2^3$, $+2^4$, $+2^5$, $+2^6$ 의 규칙을 가진다.

5

2	3	5	7	11	13	17	19	( )

① 21   ② 23

③ 27   ④ 29

✔️해설 주어진 수는 소수(1과 자기 자신만으로 나누어 떨어지는 1보다 큰 양의 정수)이다. 19 다음의 소수는 23 이다.

6

$$\frac{1}{88} \quad \frac{3}{88} \quad \frac{5}{88} \quad \frac{7}{88} \quad \frac{9}{88} \quad \frac{(\ )}{88} \quad \frac{15}{88}$$

① 11   ② 12

③ 13   ④ 14

✔️해설 분모가 88인 기약분수이다. $\frac{9}{88}$ 다음에 나올 기약분수는 $\frac{13}{88}$ 이다.

7

3 4 5 7 9 13 15 22 ( ) 34	

① 23   ② 25

③ 27   ④ 29

✔해설 홀수 항은 2의 배수 씩, 짝수 항은 3의 배수 씩 더해지며 증가한다.

8

6 8 12 2 (   ) −4 24

① 16   ② 17

③ 18   ④ 19

✔해설 홀수 항은 +6, 짝수 항은 −6의 규칙을 가진다.

9

2 3 7 34 290 (   )

① 3400   ② 3415

③ 3430   ④ 3445

✔해설 처음의 숫자에서 1^1, 2^2, 3^3, 4^4, 5^5이 더해지고 있다.

10

$61 + 18 = 100$ $99 + 98 = (   )$

① 142   ② 148

③ 152   ④ 158

✔해설 $61+18$을 $180°$ 회전시켜 보면 $81+19$이 되어 100임을 알 수 있다.
$99+98$을 $180°$ 회전시켜 보면 $86+66$이 되어 152임을 알 수 있다.

11 다음과 같이 일정한 규칙으로 수를 나열할 때, A, B에 들어갈 수를 찾아 A+B의 값을 구하면?

3 12 16   4 16 20   5 A B

① 34

② 44

③ 54

④ 64

✔**해설** 규칙을 잘 살펴보면 세 수를 a, b, c로 놓으면
$a \times 4 = b$, $b + 4 = c$가 됨을 알 수 있다.
$3 \times 4 = 12$, $12 + 4 = 16$
$4 \times 4 = 16$, $16 + 4 = 20$
$5 \times 4 = 20 = A$, $20 + 4 = 24 = B$
A+B $= 20 + 24 = 44$

▌12~19▐ 일정한 규칙에 따라 배열된 수이다. (   ) 안에 알맞은 수를 고르시오.

12

3 5 12   4 7 25   5 6 27   6 7 (   )

① 25

② 29

③ 39

④ 42

✔**해설** 규칙성을 찾으면 $3 \times 5 - 12 = 3$, $4 \times 7 - 25 = 3$, $5 \times 6 - 27 = 3$이므로
$6 \times 7 - ($ $) = 3$
∴ (   ) 안에 들어갈 수는 39이다.

13

3 4 1 2   3 5 1 5   3 6 1 ( )

① 7 ② 8
③ 9 ④ 10

✔해설 4개 수의 관계를 가만히 살펴보면 3 4 1 2 → 3×4＝12 이 모든 수가 하나하나 독립적으로 분리된 것이다.
3×5＝15 → 3 5 1 5
3×6＝18 → 3 6 1 8

14

2 7 9   10 5 3   6 1 11   1 1 ( )

① 10 ② 12
③ 14 ④ 16

✔해설 주어진 세 수를 모두 더하면 18이 된다.

15

5 2 6   1 10 6   3 ( ) 4   15 1 4

① 4 ② 5
③ 6 ④ 7

✔해설 주어진 세 수를 모두 곱하면 60이 된다.

16

8 3 2   14 4 3   20 6 3   ( ) 7 4

① 25 ② 27
③ 30 ④ 34

✔해설 규칙성을 찾으면 $8 = (3 \times 2) + 2$, $14 = (4 \times 3) + 2$, $20 = (6 \times 3) + 2$이므로 ( ) $= (7 \times 4) + 2$
∴ ( ) 안에 들어갈 수는 30이다.

17

| 6 2 8 10 | 3 7 10 17 | 5 8 13 ( ) |

① 12

② 15

③ 18

④ 21

✔해설 규칙성을 찾으면 6 2 8 10에서 첫 번째 수와 두 번째 수를 더하면 세 번째 수가 되고 두 번째 수와 세 번째 수를 더하면 네 번째 수가 된다.
∴ ( ) 안에 들어갈 수는 21이다.

18

| 14 2 6 2 | 23 3 5 8 | 27 4 5 ( ) |

① 5

② 7

③ 9

④ 11

✔해설 첫 번째 숫자−(두 번째 숫자×세 번째 숫자)=네 번째 숫자
즉 $14-(2\times6)=2$, $23-(3\times5)=8$, $27-(4\times5)=7$이 된다.

19

| 3 5 9 15 | 4 6 16 24 | 5 7 ( ) 35 | 6 8 36 48 |

① 23

② 24

③ 25

④ 26

✔해설 규칙성을 찾으면 3 5 9 15에서 첫 번째 수에 2를 더하면 두 번째 수가 되고, 첫 번째 수에 제곱을 한 값이 세 번째 수, 첫 번째 수와 두 번째 수를 곱한 값이 네 번째 수가 된다.
∴ ( ) 안에 들어갈 수는 25이다.

20

$$4 \otimes 3 = 17 \quad 7 \otimes 2 = 59 \quad 9 \otimes 3 = 612 \quad 8 \otimes 6 = (\quad)$$

① 48
② 96
③ 142
④ 214

✔️**해설** $4 \otimes 3 = 17$을 살펴보면 $4 - 3 = 1$, $4 + 3 = 7$
앞의 수와 뒤의 수를 더한 값이 일의 자리 수, 앞의 수에서 뒤의 수를 뺀 것이 십의 자리 수가 된다.
$7 \otimes 2 = 59 \rightarrow 7 - 2 = 5$, $7 + 2 = 9$
$9 \otimes 3 = 612 \rightarrow 9 - 3 = 6$, $9 + 3 = 12$
$8 \otimes 6 = (\quad) \rightarrow 8 - 6 = 2$, $8 - 6 = 14 \rightarrow 214$

21

$$5@15 = 7 \quad 7@28 = 17 \quad 9@18 = 7 \quad 6@30 = (\quad)$$

① 18
② 19
③ 20
④ 21

✔️**해설** 계산법칙을 유추하면 두 번째 수$-($(두 번째 수$\div$첫 번째 수$)+$첫번째 수$)$이다.
따라서 $30 - ((30 \div 6) + 6) = 19$가 된다.

22

$$12 * 2 = 4 \quad 15 * 3 = 2 \quad 20 * 4 = (\quad)$$

① 1
② 3
③ 5
④ 7

✔️**해설** 계산 법칙을 유추하면 첫 번째 수를 두 번째 수로 나눈 후 두 번째 수를 빼고 있다.

23

$$4 \circ 8 = 5 \quad 7 \circ 8 = 11 \quad 9 \circ 5 = 9 \quad 3 \circ (7 \circ 2) = (\quad)$$

① 6 ② 13

③ 19 ④ 24

✔해설 계산 법칙을 유추하면 두 수를 곱한 후 십의자리 수와 일의자리 수를 더하고 있으므로 $(7 \circ 2)$는 $7 \times 2 = 14$에서 $1 + 4 = 5$, $3 \circ 5$는 $3 \times 5 = 15$에서 $1 + 5 = 6$
∴ ( ) 안에는 6이 들어간다.

24

$$3@8 = 16 \quad 4@6 = 18 \quad 5@5 = 20 \quad 6@(7@2) = (\quad)$$

① 60 ② 64

③ 68 ④ 72

✔해설 계산 법칙을 유추하면 두 수를 곱한 후 두 번째 수를 뺀 것이다.
따라서 $6@(7 \times 2 - 2) = 6@12 = 6 \times 12 - 12 = 60$이 된다.

|25~27| 다음 ▲ 표시된 곳의 숫자에서부터 시계방향으로 진행하면서 숫자와의 관계를 고려하여 **?** 표시된 곳에 들어갈 알맞은 숫자를 고르시오.

25

?	3	5
18		10
20	10	8

① 16
② 18
③ 20
④ 22

✔해설 3부터 시계방향으로 각 숫자의 차가 +2, ×2, -2의 순서로 변한다.

26

80640	10080	1440
2		240
4	12	?

① 24
② 48
③ 60
④ 120

✔해설 80640부터 시계방향 차례대로 8, 7, 6, 5, …이 나눠지면서 변하고 있다.

27

?	3	4
66		6
34	18	10

① 120

② 130

③ 140

④ 150

✔해설 +1, +2, +4, +8, +16, +32로 수가 변하고 있으므로, 66에는 64가 더해져 130이 된다.

┃28~37┃ 다음 ? 표시된 부분에 들어갈 숫자를 고르시오.

28

200	40	20	10	5
5	2	2	?	

① 2

② 4

③ 6

④ 8

✔해설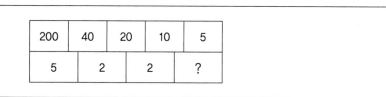

29

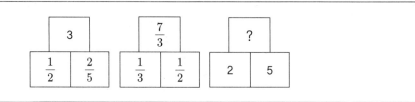

① $\dfrac{11}{5}$　　　　　　　　② $\dfrac{17}{5}$

③ $\dfrac{11}{2}$　　　　　　　　④ $\dfrac{17}{2}$

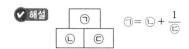　$\bigcirc = \bigcirc + \dfrac{1}{\bigcirc}$

30

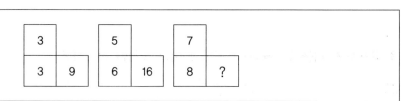

① 22　　　　　　　　② 25

③ 28　　　　　　　　④ 31

　$\bigcirc = \bigcirc \times 2 + \bigcirc$

31

A	B
G	D

B	D
N	H

C	F
?	L

① U

② V

③ W

④ X

✔해설 영문 알파벳과 숫자를 대응시키면 다음의 표와 같다.

A	B	C	D	E	F	G	H	I	J	K	L	M	N	O	P	Q	R	S	T	U	V	W	X	Y	Z
1	2	3	4	5	6	7	8	9	10	11	12	13	14	15	16	17	18	19	20	21	22	23	24	25	26

주어진 도형의 알파벳을 대응하는 숫자로 치환하면

1	2
7	4

2	4
14	8

3	6
?	12

첫 번째 도형은 시계방향으로 1, 2, 3, 두 번째 도형은 시계방향으로 2, 4, 6씩 더해지며 증가한다. 따라서 세 번째 도형은 시계방향으로 3, 6, 9씩 더해지며 증가해야 한다.

∴ 빈칸에 들어갈 문자는 $12+9=21$, 즉 U가 들어가야 한다.

32

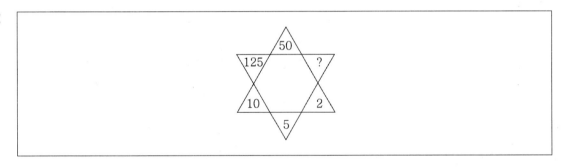

① 21

② 23

③ 25

④ 27

✔해설 마주보고 있는 숫자를 곱하면 모두 250이 된다.

33

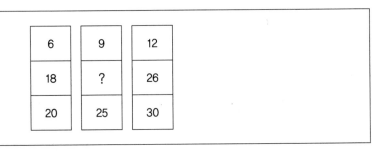

① 126 ② 127

③ 128 ④ 129

✅해설 4에서 시작해서 시계방향으로 2가 곱해지면서 변하고 있다.

34

6	9	12
18	?	26
20	25	30

① 21 ② 22

③ 23 ④ 24

✅해설 첫 번째 줄의 각 숫자의 차는 3이고, 두 번째 줄의 각 숫자의 차는 4이고, 세 번째 줄의 각 숫자의 차는 5이다.

35

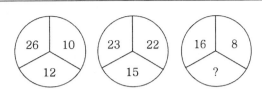

① 8   ② 10

③ 12   ④ 14

✔ 해설 $ⓒ = \dfrac{ⓐ + ⓑ}{3}$

36

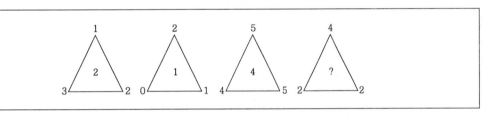

① 2   ② 3

③ 4   ④ 5

✔ 해설 ⓐ + ⓑ − ⓒ = ⓓ

37

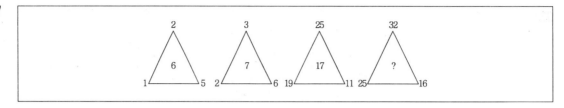

① 14　　　　　　　　　　② 17

③ 20　　　　　　　　　　④ 23

 해설　　㉠－㉡＋㉢＝㉣

│38~40│ 다음의 빈칸에 들어갈 알맞은 수를 고르시오.

38

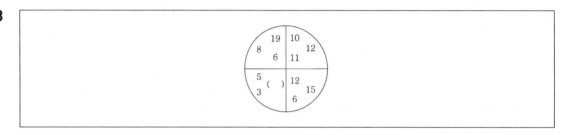

① 12　　　　　　　　　　② 19

③ 25　　　　　　　　　　④ 32

✔해설　원의 나누어진 한 부분의 합이 33이 되어야 한다.

39

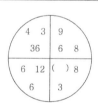

① 12

② 14

③ 16

④ 18

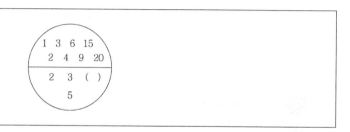

✔해설 원의 나누어진 한 부분의 숫자는 모두 곱하면 432가 된다.

40

① 2

② 8

③ 14

④ 20

✔해설 원의 위쪽 부분은 모두 더해서 60이 되고 아랫 부분은 모두 곱해서 60이 된다.

PART

03

인성검사

CHAPTER 01

인성검사의 개요

01 인성검사의 개념

인성(성격)이란 개인을 특징짓는 평범하고 일상적인 사회적 이미지, 즉 지속적이고 일관된 공적 성격 (Public-personality)이며, 환경에 대응함으로써 선천적·후천적 요소의 상호작용으로 결정화된 심리적·사회적 특성 및 경향을 의미한다. 지금까지 시행된 여러 연구 결과에 따르면 직무에서의 성공과 관련된 특성들은 개인의 능력보다는 성격과 관련이 있다고 한다.

02 인성검사의 목적

인성검사는 직무의 성패와 연결되는 개인의 성격을 파악하기 위해 실시한다. 현재 많은 공공기관이나 기업에서 채용시험을 치를 때 인성검사를 실시하고 있는데, 그 이유는 인성검사를 통하여 각 개인이 어떠한 성격 특성이 발달되어 있고, 어떤 특성이 얼마나 부족한지, 그것이 해당 직무의 특성 및 조직문화와 얼마나 맞는지를 알아보고 이에 적합한 인재를 선발하기 위함이다.

03 인성검사에 임하는 자세

☑ 솔직하게 있는 그대로 표현한다.

인성검사는 평범한 일상생활 내용들을 다룬 짧은 문장과 어떤 대상이나 일에 대한 선호를 선택하는 문장으로 구성되었으므로 평소에 자신이 생각한 바를 너무 골똘히 생각하지 말고 문제를 보는 순간 떠오른 것을 표현한다.

☑ 모든 문제를 신속하게 대답한다.

　인성검사는 시간 제한이 없는 것이 원칙이지만 현실적인 여건상 일정한 시간 제한을 두고 있다. 인성검사는 개인의 성격과 자질을 알아보기 위한 검사이기 때문에 정답이 없다. 다만, 시행처에서 바람직하게 생각하거나 기대되는 결과가 있을 뿐이다. 따라서 신속히 대답하되, 시간에 쫓겨서 대충 대답을 하는 것은 바람직하지 못하다.

☑ 일관성 있게 대답한다.

　간혹 반복되는 문제들이 출제되기 때문에 일관성 있게 답하지 않으면 감점될 수 있으므로 유의한다. 실제로 공기업 인사부 직원의 인터뷰에 따르면 일관성이 없게 대답한 응시자들이 감점을 받아 탈락했다고 한다. 거짓된 응답을 하다보면 일관성 없는 결과가 나타날 수 있으므로, 위에서 언급한 대로 신속하고 솔직하게 답해 일관성 있는 응답을 하는 것이 중요하다.

☑ 마지막까지 집중해서 검사에 임한다.

　장시간 진행되는 검사에 지치지 않고 마지막까지 집중해서 정확히 답할 수 있도록 해야 한다.

성격의 특성 및 유형

01 성격의 특성

☑ **정서적 측면**

정서적 측면은 평소 마음의 당연시하는 자세나 정신상태가 얼마나 안정되어 있는지 또는 불안정한지를 측정한다.

정서의 상태는 직무수행이나 대인관계와 관련하여 태도나 행동으로 드러난다. 그러므로 정서적 측면을 측정하는 것에 의해, 장래 조직 내의 인간관계에 어느 정도 잘 적응할 수 있을까(또는 적응하지 못할까)를 예측하는 것이 가능하다.

그렇기 때문에, 정서적 측면의 결과는 채용 시에 상당히 중시된다. 아무리 능력이 좋아도 장기적으로 조직 내의 인간관계에 잘 적응할 수 없다고 판단되는 인재는 기본적으로는 채용되지 않는다.

일반적으로 인적성검사는 채용과는 관계없다고 생각하나 정서적으로 조직에 적응하지 못하는 인재는 채용단계에서 가려내지는 것을 유의하여야 한다.

① **민감성(신경도)** … 꼼꼼함, 섬세함, 성실함 등의 요소를 통해 일반적으로 신경질적인지 또는 자신의 존재를 위협받는다는 불안을 갖기 쉬운지를 측정한다.

질문	전혀 그렇지 않다	그렇지 않다	그렇다	매우 그렇다
• 배려적이라고 생각한다.				
• 어지러진 방에 있으면 불안하다.				
• 실패 후에는 불안하다.				
• 세세한 것까지 신경쓴다.				
• 이유 없이 불안할 때가 있다.				

▶측정결과

㉠ '그렇다'가 많은 경우(상처받기 쉬운 유형) : 사소한 일에 신경 쓰고 다른 사람의 사소한 한마디 말에 상처를 받기 쉽다.

• 면접관의 심리 : '동료들과 잘 지낼 수 있을까?', '실패할 때마다 위축되지 않을까?'

• 면접대책 : 다소 신경질적이라도 능력을 발휘할 수 있다는 평가를 얻도록 한다. 주변과 충분한 의사소통이 가능하고, 결정한 것을 실행할 수 있다는 것을 보여주어야 한다.

㉡ '그렇지 않다'가 많은 경우(정신적으로 안정적인 유형) : 사소한 일에 신경 쓰지 않고 금방 해결하며, 주위 사람의 말에 과민하게 반응하지 않는다.

• 면접관의 심리 : '계약할 때 필요한 유형이고, 사고 발생에도 유연하게 대처할 수 있다.'

• 면접대책 : 일반적으로 '민감성'의 측정치가 낮으면 플러스 평가를 받으므로 더욱 자신감 있는 모습을 보여준다.

② **자책성**(과민도) … 자신을 비난하거나 책망하는 정도를 측정한다.

질문	전혀 그렇지 않다	그렇지 않다	그렇다	매우 그렇다
• 후회하는 일이 많다. • 자신이 하찮은 존재라 생각된다. • 문제가 발생하면 자기의 탓이라고 생각한다. • 무슨 일이든지 끙끙대며 진행하는 경향이 있다. • 온순한 편이다.				

▶측정결과

㉠ '그렇다'가 많은 경우(자책하는 유형) : 비관적이고 후회하는 유형이다.

• 면접관의 심리 : '끙끙대며 괴로워하고, 일을 진행하지 못할 것 같다.'

• 면접대책 : 기분이 저조해도 항상 의욕을 가지고 생활하는 것과 책임감이 강하다는 것을 보여준다.

㉡ '그렇지 않다'가 많은 경우(낙천적인 유형) : 기분이 항상 밝은 편이다.

• 면접관의 심리 : '안정된 대인관계를 맺을 수 있고, 외부의 압력에도 흔들리지 않는다.'

• 면접대책 : 일반적으로 '자책성'의 측정치가 낮아야 좋은 평가를 받는다.

③ **기분성(불안도)** … 기분의 굴곡이나 감정적인 면의 미숙함이 어느 정도인지를 측정하는 것이다.

질문	전혀 그렇지 않다	그렇지 않다	그렇다	매우 그렇다
• 다른 사람의 의견에 자신의 결정이 흔들리는 경우가 많다. • 기분이 쉽게 변한다. • 종종 후회한다. • 다른 사람보다 의지가 약한 편이라고 생각한다. • 금방 싫증을 내는 성격이라는 말을 자주 듣는다.				

▶측정결과
㉠ '그렇다'가 많은 경우(감정의 기복이 많은 유형) : 의지력보다 기분에 따라 행동하기 쉽다.
  • 면접관의 심리 : '감정적인 것에 약하며, 상황에 따라 생산성이 떨어지지 않을까?'
  • 면접대책 : 주변 사람들과 항상 협조한다는 것을 강조하고 한결같은 상태로 일할 수 있다는 평가를 받도록 한다.
㉡ '그렇지 않다'가 많은 경우(감정의 기복이 적은 유형) : 감정의 기복이 없고, 안정적이다.
  • 면접관의 심리 : '안정적으로 업무에 임할 수 있다.'
  • 면접대책 : 기분성의 측정치가 낮으면 플러스 평가를 받으므로 자신감을 가지고 면접에 임한다.

④ **독자성(개인도)** … 주변에 대한 견해나 관심, 자신의 견해나 생각에 어느 정도의 속박감을 가지고 있는지를 측정한다.

질문	전혀 그렇지 않다	그렇지 않다	그렇다	매우 그렇다
• 창의적 사고방식을 가지고 있다. • 융통성이 없는 편이다. • 혼자 있는 편이 많은 사람과 있는 것보다 편하다. • 개성적이라는 말을 듣는다. • 교제는 번거로운 것이라고 생각하는 경우가 많다.				

▶측정결과

㉠ '그렇다'가 많은 경우 : 자기의 관점을 중요하게 생각하는 유형으로, 주위의 상황보다 자신의 느낌과 생각을 중시한다.
- 면접관의 심리 : '제멋대로 행동하지 않을까?'
- 면접대책 : 주위 사람과 협조하여 일을 진행할 수 있다는 것과 상식에 얽매이지 않는다는 인상을 심어준다.

㉡ '그렇지 않다'가 많은 경우 : 상식적으로 행동하고 주변 사람의 시선에 신경을 쓴다.
- 면접관의 심리 : '다른 직원들과 협조하여 업무를 진행할 수 있겠다.'
- 면접대책 : 협조성이 요구되는 기업체에서는 플러스 평가를 받을 수 있다.

⑤ 자신감(자존심도) … 자기 자신에 대해 얼마나 긍정적으로 평가하는지를 측정한다.

질문	전혀 그렇지 않다	그렇지 않다	그렇다	매우 그렇다
• 다른 사람보다 능력이 뛰어나다고 생각한다. • 다소 반대의견이 있어도 나만의 생각으로 행동할 수 있다. • 나는 다른 사람보다 기가 센 편이다. • 동료가 나를 모욕해도 무시할 수 있다. • 대개의 일을 목적한 대로 헤쳐나갈 수 있다고 생각한다.				

▶측정결과

㉠ '그렇다'가 많은 경우 : 자기 능력이나 외모 등에 자신감이 있고, 비판당하는 것을 좋아하지 않는다.
- 면접관의 심리 : '자만하여 지시에 잘 따를 수 있을까?'
- 면접대책 : 다른 사람의 조언을 잘 받아들이고, 겸허하게 반성하는 면이 있다는 것을 보여주고, 동료들과 잘 지내며 리더의 자질이 있다는 것을 강조한다.

㉡ '그렇지 않다'가 많은 경우 : 자신감이 없고 다른 사람의 비판에 약하다.
- 면접관의 심리 : '패기가 부족하지 않을까?', '쉽게 좌절하지 않을까?'
- 면접대책 : 극도의 자신감 부족으로 평가되지는 않는다. 그러나 마음이 약한 면은 있지만 의욕적으로 일을 하겠다는 마음가짐을 보여준다.

⑥ **고양성**(분위기에 들뜨는 정도) ··· 자유분방함, 명랑함과 같이 감정(기분)의 높고 낮음의 정도를 측정한다.

질문	전혀 그렇지 않다	그렇지 않다	그렇다	매우 그렇다
• 침착하지 못한 편이다. • 다른 사람보다 쉽게 우쭐해진다. • 모든 사람이 아는 유명인사가 되고 싶다. • 모임이나 집단에서 분위기를 이끄는 편이다. • 취미 등이 오랫동안 지속되지 않는 편이다.				

▶측정결과

㉠ '그렇다'가 많은 경우 : 자극이나 변화가 있는 일상을 원하고 기분을 들뜨게 하는 사람과 친밀하게 지내는 경향이 강하다.
- 면접관의 심리 : '일을 진행하는 데 변덕스럽지 않을까?'
- 면접대책 : 밝은 태도는 플러스 평가를 받을 수 있지만, 착실한 업무능력이 요구되는 직종에서는 마이너스 평가가 될 수 있다. 따라서 자기조절이 가능하다는 것을 보여준다.

㉡ '그렇지 않다'가 많은 경우 : 감정이 항상 일정하고, 속을 드러내 보이지 않는다.
- 면접관의 심리 : '안정적인 업무 태도를 기대할 수 있겠다.'
- 면접대책 : '고양성'의 낮음은 대체로 플러스 평가를 받을 수 있다. 그러나 '무엇을 생각하고 있는지 모르겠다' 등의 평을 듣지 않도록 주의한다.

⑦ 허위성(진위성) … 필요 이상으로 자기를 좋게 보이려 하거나 기업체가 원하는 '이상형'에 맞춘 대답을 하고 있는지, 없는지를 측정한다.

질문	전혀 그렇지 않다	그렇지 않다	그렇다	매우 그렇다
• 약속을 깨뜨린 적이 한 번도 없다.				
• 다른 사람을 부럽다고 생각해 본 적이 없다.				
• 꾸지람을 들은 적이 없다.				
• 사람을 미워한 적이 없다.				
• 화를 낸 적이 한 번도 없다.				

▶측정결과

㉠ '그렇다'가 많은 경우 : 실제의 자기와는 다른, 말하자면 원칙으로 해답할 가능성이 있다.
 • 면접관의 심리 : '거짓을 말하고 있다.'
 • 면접대책 : 조금이라도 좋게 보이려고 하는 '거짓말쟁이'로 평가될 수 있다. '거짓을 말하고 있다.'는 마음 따위가 전혀 없다 해도 결과적으로는 정직하게 답하지 않는다는 것이 되어 버린다. '허위성'의 측정 질문은 구분되지 않고 다른 질문 중에 섞여 있다. 그러므로 모든 질문에 솔직하게 답하여야 한다. 또한 자기 자신과 너무 동떨어진 이미지로 답하면 좋은 결과를 얻지 못한다. 그리고 면접에서 '허위성'을 기본으로 한 질문을 받게 되므로 당황하거나 또다른 모순된 답변을 하게 된다. 겉치레를 하거나 무리한 욕심을 부리지 말고 '이런 사회인이 되고 싶다.'는 현재의 자신보다, 조금 성장한 자신을 표현하는 정도가 적당하다.
㉡ '그렇지 않다'가 많은 경우 : 냉정하고 정직하며, 외부의 압력과 스트레스에 강한 유형이다. '대쪽 같음'의 이미지가 굳어지지 않도록 주의한다.

☑ 행동적인 측면

행동적 측면은 인격 중에 특히 행동으로 드러나기 쉬운 측면을 측정한다. 사람의 행동 특징 자체에는 선도 악도 없으나, 일반적으로는 일의 내용에 의해 원하는 행동이 있다. 때문에 행동적 측면은 주로 직종과 깊은 관계가 있는데 자신의 행동 특성을 살려 적합한 직종을 선택한다면 플러스가 될 수 있다.

행동 특성에서 보여 지는 특징은 면접장면에서도 드러나기 쉬운데 본서의 모의 TEST의 결과를 참고하여 자신의 태도, 행동이 면접관의 시선에 어떻게 비치는지를 점검하도록 한다.

① 사회적 내향성 … 대인관계에서 나타나는 행동경향으로 '낯가림'을 측정한다.

질문	선택
A : 파티에서는 사람을 소개받은 편이다. B : 파티에서는 사람을 소개하는 편이다.	
A : 처음 보는 사람과는 어색하게 시간을 보내는 편이다. B : 처음 보는 사람과는 즐거운 시간을 보내는 편이다.	
A : 친구가 적은 편이다. B : 친구가 많은 편이다.	
A : 자신의 의견을 말하는 경우가 적다. B : 자신의 의견을 말하는 경우가 많다.	
A : 사교적인 모임에 참석하는 것을 좋아하지 않는다. B : 사교적인 모임에 항상 참석한다.	

▶측정결과

㉠ 'A'가 많은 경우 : 내성적이고 사람들과 접하는 것에 소극적이다. 자신의 의견을 말하지 않고 조심스러운 편이다.
  • 면접관의 심리 : '소극적인데 동료와 잘 지낼 수 있을까?'
  • 면접대책 : 대인관계를 맺는 것을 싫어하지 않고 의욕적으로 일을 할 수 있다는 것을 보여준다.
㉡ 'B'가 많은 경우 : 사교적이고 자기의 생각을 명확하게 전달할 수 있다.
  • 면접관의 심리 : '사교적이고 활동적인 것은 좋지만, 자기주장이 너무 강하지 않을까?'
  • 면접대책 : 협조성을 보여주고, 자기주장이 너무 강하다는 인상을 주지 않도록 주의한다.

② 내성성(침착도) … 자신의 행동과 일에 대해 침착하게 생각하는 정도를 측정한다.

질문	선택
A : 시간이 걸려도 침착하게 생각하는 경우가 많다. B : 짧은 시간에 결정을 하는 경우가 많다.	
A : 실패의 원인을 찾고 반성하는 편이다. B : 실패를 해도 그다지(별로) 개의치 않는다.	
A : 결론이 도출되어도 몇 번 정도 생각을 바꾼다. B : 결론이 도출되면 신속하게 행동으로 옮긴다.	
A : 여러 가지 생각하는 것이 능숙하다. B : 여러 가지 일을 재빨리 능숙하게 처리하는 데 익숙하다.	
A : 여러 가지 측면에서 사물을 검토한다. B : 행동한 후 생각을 한다.	

▶측정결과

㉠ 'A'가 많은 경우 : 행동하기 보다는 생각하는 것을 좋아하고 신중하게 계획을 세워 실행한다.
• 면접관의 심리 : '행동으로 실천하지 못하고, 대응이 늦은 경향이 있지 않을까?'
• 면접대책 : 발로 뛰는 것을 좋아하고, 일을 더디게 한다는 인상을 주지 않도록 한다.

㉡ 'B'가 많은 경우 : 차분하게 생각하는 것보다 우선 행동하는 유형이다.
• 면접관의 심리 : '생각하는 것을 싫어하고 경솔한 행동을 하지 않을까?'
• 면접대책 : 계획을 세우고 행동할 수 있는 것을 보여주고 '사려깊다'라는 인상을 남기도록 한다.

③ **신체활동성** … 몸을 움직이는 것을 좋아하는가를 측정한다.

질문	선택
A : 민첩하게 활동하는 편이다. B : 준비행동이 없는 편이다.	
A : 일을 척척 해치우는 편이다. B : 일을 더디게 처리하는 편이다.	
A : 활발하다는 말을 듣는다. B : 얌전하다는 말을 듣는다.	
A : 몸을 움직이는 것을 좋아한다. B : 가만히 있는 것을 좋아한다.	
A : 스포츠를 하는 것을 즐긴다. B : 스포츠를 보는 것을 좋아한다.	

▶측정결과
㉠ 'A'가 많은 경우 : 활동적이고, 몸을 움직이게 하는 것이 컨디션이 좋다.
 • 면접관의 심리 : '활동적으로 활동력이 좋아 보인다.'
 • 면접대책 : 활동하고 얻은 성과 등과 주어진 상황의 대응능력을 보여준다.
㉡ 'B'가 많은 경우 : 침착한 인상으로, 차분하게 있는 타입이다.
 • 면접관의 심리 : '좀처럼 행동하려 하지 않아 보이고, 일을 빠르게 처리할 수 있을까?'

④ **지속성(노력성)** … 무슨 일이든 포기하지 않고 끈기 있게 하려는 정도를 측정한다.

질문	선택
A : 일단 시작한 일은 시간이 걸려도 끝까지 마무리한다. B : 일을 하다 어려움에 부딪히면 단념한다.	
A : 끈질긴 편이다. B : 바로 단념하는 편이다.	
A : 인내가 강하다는 말을 듣는다. B : 금방 싫증을 낸다는 말을 듣는다.	
A : 집념이 깊은 편이다. B : 담백한 편이다.	
A : 한 가지 일에 구애되는 것이 좋다고 생각한다. B : 간단하게 체념하는 것이 좋다고 생각한다.	

▶측정결과

㉠ 'A'가 많은 경우 : 시작한 것은 어려움이 있어도 포기하지 않고 인내심이 높다.
- 면접관의 심리 : '한 가지의 일에 너무 구애되고, 업무의 진행이 원활할까?'
- 면접대책 : 인내력이 있는 것은 플러스 평가를 받을 수 있지만 집착이 강해 보이기도 한다.
㉡ 'B'가 많은 경우 : 뒤끝이 없고 조그만 실패로 일을 포기하기 쉽다.
- 면접관의 심리 : '질리는 경향이 있고, 일을 정확히 끝낼 수 있을까?'
- 면접대책 : 지속적인 노력으로 성공했던 사례를 준비하도록 한다.

⑤ 신중성(주의성) … 자신이 처한 주변상황을 즉시 파악하고 자신의 행동이 어떤 영향을 미치는지를 측정한다.

질문	선택
A : 여러 가지로 생각하면서 완벽하게 준비하는 편이다. B : 행동할 때부터 임기응변적인 대응을 하는 편이다.	
A : 신중해서 타이밍을 놓치는 편이다. B : 준비 부족으로 실패하는 편이다.	
A : 자신은 어떤 일에도 신중히 대응하는 편이다. B : 순간적인 충동으로 활동하는 편이다.	
A : 시험을 볼 때 끝날 때까지 재검토하는 편이다. B : 시험을 볼 때 한 번에 모든 것을 마치는 편이다.	
A : 일에 대해 계획표를 만들어 실행한다. B : 일에 대한 계획표 없이 진행한다.	

▶측정결과

㉠ 'A'가 많은 경우 : 주변 상황에 민감하고, 예측하여 계획 있게 일을 진행한다.
- 면접관의 심리 : '너무 신중해서 적절한 판단을 할 수 있을까?', '앞으로의 상황에 불안을 느끼지 않을까?'
- 면접대책 : 예측을 하고 실행을 하는 것은 플러스 평가가 되지만, 너무 신중하면 일의 진행이 정체될 가능성을 보이므로 추진력이 있다는 강한 의욕을 보여준다.
㉡ 'B'가 많은 경우 : 주변 상황을 살펴보지 않고 착실한 계획 없이 일을 진행시킨다.
- 면접관의 심리 : '사려 깊지 않고, 실패하는 일이 많지 않을까?', '판단이 빠르고 유연한 사고를 할 수 있을까?'
- 면접대책 : 사전준비를 중요하게 생각하고 있다는 것 등을 보여주고, 경솔한 인상을 주지 않도록 한다. 또한 판단력이 빠르거나 유연한 사고 덕분에 일 처리를 잘 할 수 있다는 것을 강조한다.

☑ 의욕적인 측면

의욕적인 측면은 의욕의 정도, 활동력의 유무 등을 측정한다. 여기서의 의욕이란 우리들이 보통 말하고 사용하는 '하려는 의지'와는 조금 뉘앙스가 다르다. '하려는 의지'란 그 때의 환경이나 기분에 따라 변화하는 것이지만, 여기에서는 조금 더 변화하기 어려운 특징, 말하자면 정신적 에너지의 양으로 측정하는 것이다.

의욕적 측면은 행동적 측면과는 다르고, 전반적으로 어느 정도 점수가 높은 쪽을 선호한다. 모의검사의 의욕적 측면의 결과가 낮다면, 평소 일에 몰두할 때 조금 의욕 있는 자세를 가지고 서서히 개선하도록 노력해야 한다.

① 달성의욕 … 목적의식을 가지고 높은 이상을 가지고 있는지를 측정한다.

질문	선택
A : 경쟁심이 강한 편이다. B : 경쟁심이 약한 편이다.	
A : 어떤 한 분야에서 제1인자가 되고 싶다고 생각한다. B : 어느 분야에서든 성실하게 임무를 진행하고 싶다고 생각한다.	
A : 규모가 큰 일을 해보고 싶다. B : 맡은 일에 충실히 임하고 싶다.	
A : 아무리 노력해도 실패한 것은 아무런 도움이 되지 않는다. B : 가령 실패했을 지라도 나름대로의 노력이 있었으므로 괜찮다.	
A : 높은 목표를 설정하여 수행하는 것이 의욕적이다. B : 실현 가능한 정도의 목표를 설정하는 것이 의욕적이다.	

▶측정결과

㉠ 'A'가 많은 경우 : 큰 목표와 높은 이상을 가지고 승부욕이 강한 편이다.
• 면접관의 심리 : '열심히 일을 해줄 것 같은 유형이다.'
• 면접대책 : 달성의욕이 높다는 것은 어떤 직종이라도 플러스 평가가 된다.
㉡ 'B'가 많은 경우 : 현재의 생활을 소중하게 여기고 비약적인 발전을 위하여 기를 쓰지 않는다.
• 면접관의 심리 : '외부의 압력에 약하고, 기획입안 등을 하기 어려울 것이다.'
• 면접대책 : 일을 통하여 하고 싶은 것들을 구체적으로 어필한다.

② 활동의욕 … 자신에게 잠재된 에너지의 크기로, 정신적인 측면의 활동력이라 할 수 있다.

질문	선택
A : 하고 싶은 일을 실행으로 옮기는 편이다. B : 하고 싶은 일을 좀처럼 실행할 수 없는 편이다.	
A : 어려운 문제를 해결해 가는 것이 좋다. B : 어려운 문제를 해결하는 것을 잘하지 못한다.	
A : 일반적으로 결단이 빠른 편이다. B : 일반적으로 결단이 느린 편이다.	
A : 곤란한 상황에도 도전하는 편이다. B : 사물의 본질을 깊게 관찰하는 편이다.	
A : 시원시원하다는 말을 잘 듣는다. B : 꼼꼼하다는 말을 잘 듣는다.	

▶측정결과

㉠ 'A'가 많은 경우 : 꾸물거리는 것을 싫어하고 재빠르게 결단해서 행동하는 타입이다.
  • 면접관의 심리 : '일을 처리하는 솜씨가 좋고, 일을 척척 진행할 수 있을 것 같다.'
  • 면접대책 : 활동의욕이 높은 것은 플러스 평가가 된다. 사교성이나 활동성이 강하다는 인상을 준다.
㉡ 'B'가 많은 경우 : 안전하고 확실한 방법을 모색하고 차분하게 시간을 아껴서 일에 임하는 타입이다.
  • 면접관의 심리 : '재빨리 행동을 못하고, 일의 처리속도가 느린 것이 아닐까?'
  • 면접대책 : 활동성이 있는 것을 좋아하고 움직임이 더디다는 인상을 주지 않도록 한다.

02 성격의 유형

☑ 인적성검사 유형의 4가지 척도

정서적인 측면, 행동적인 측면, 의욕적인 측면의 요소들은 성격 특성이라는 관점에서 제시된 것들로 각 개인의 장·단점을 파악하는 데 유용하다. 그러나 전체적인 개인의 인적성을 이해하는 데는 한계가 있다.

성격의 유형은 개인의 '성격적인 특색'을 가리키는 것으로, 사회인으로서 적합한지, 아닌지를 말하는 관점과는 관계가 없다. 따라서 채용의 합격 여부에는 사용되지 않는 경우가 많으며, 입사 후의 적정 부서 배치의 자료가 되는 편이라 생각하면 된다. 그러나 채용과 관계가 없다고 해서 아무런 준비도 필요없는 것은 아니다. 자신을 아는 것은 면접 대책의 밑거름이 되므로 모의검사 결과를 충분히 활용하도록 하여야 한다.

본서에서는 4개의 척도를 사용하여 기본적으로 16개의 패턴으로 성격의 유형을 분류하고 있다. 각 개인의 성격이 어떤 유형인지 재빨리 파악하기 위해 사용되며, '적성'에 맞는지, 맞지 않는지의 관점에 활용된다.

- 흥미ㆍ관심의 방향 : 내향형 ←——————→ 외향형
- 사물에 대한 견해 : 직관형 ←——————→ 감각형
- 판단하는 방법 : 감정형 ←——————→ 사고형
- 환경에 대한 접근방법 : 지각형 ←——————→ 판단형

☑ 성격유형

① 흥미ㆍ관심의 방향(내향⇆외향) … 흥미ㆍ관심의 방향이 자신의 내면에 있는지, 주위환경 등 외면에 향하는 지를 가리키는 척도이다.

질문	선택
A : 내성적인 성격인 편이다. B : 개방적인 성격인 편이다.	
A : 항상 신중하게 생각을 하는 편이다. B : 바로 행동에 착수하는 편이다.	
A : 수수하고 조심스러운 편이다. B : 자기 표현력이 강한 편이다.	
A : 다른 사람과 함께 있으면 침착하지 않다. B : 혼자서 있으면 침착하지 않다.	

▶측정결과

㉠ 'A'가 많은 경우(내향) : 관심의 방향이 자기 내면에 있으며, 조용하고 낯을 가리는 유형이다. 행동력은 부족하나 집중력이 뛰어나고 신중하고 꼼꼼하다.

㉡ 'B'가 많은 경우(외향) : 관심의 방향이 외부환경에 있으며, 사교적이고 활동적인 유형이다. 꼼꼼함이 부족하여 대충하는 경향이 있으나 행동력이 있다.

② 일(사물)을 보는 **방법**(직감⇆감각) … 일(사물)을 보는 법이 직감적으로 형식에 얽매이는지, 감각적으로 상식적인지를 가리키는 척도이다.

질문	선택
A : 현실주의적인 편이다. B : 상상력이 풍부한 편이다.	
A : 정형적인 방법으로 일을 처리하는 것을 좋아한다. B : 만들어진 방법에 변화가 있는 것을 좋아한다.	
A : 경험에서 가장 적합한 방법으로 선택한다. B : 지금까지 없었던 새로운 방법을 개척하는 것을 좋아한다.	
A : 성실하다는 말을 듣는다. B : 호기심이 강하다는 말을 듣는다.	

▶측정결과
㉠ 'A'가 많은 경우(감각) : 현실적이고 경험주의적이며 보수적인 유형이다.
㉡ 'B'가 많은 경우(직관) : 새로운 주제를 좋아하며, 독자적인 시각을 가진 유형이다.

③ 판단하는 **방법**(감정⇆사고) … 일을 감정적으로 판단하는지, 논리적으로 판단하는지를 가리키는 척도이다.

질문	선택
A : 인간관계를 중시하는 편이다. B : 일의 내용을 중시하는 편이다.	
A : 결론을 자기의 신념과 감정에서 이끌어내는 편이다. B : 결론을 논리적 사고에 의거하여 내리는 편이다.	
A : 다른 사람보다 동정적이고 눈물이 많은 편이다. B : 다른 사람보다 이성적이고 냉정하게 대응하는 편이다.	
A : 남의 이야기를 듣고 감정몰입이 빠른 편이다. B : 고민 상담을 받으면 해결책을 제시해주는 편이다.	

▶측정결과
㉠ 'A'가 많은 경우(감정) : 일을 판단할 때 마음 · 감정을 중요하게 여기는 유형이다. 감정이 풍부하고 친절하나 엄격함이 부족하고 우유부단하며, 합리성이 부족하다.
㉡ 'B'가 많은 경우(사고) : 일을 판단할 때 논리성을 중요하게 여기는 유형이다. 이성적이고 합리적이나 타인에 대한 배려가 부족하다.

④ 환경에 대한 접근방법 … 주변상황에 어떻게 접근하는지, 그 판단기준을 어디에 두는지를 측정한다.

질문	선택
A : 사전에 계획을 세우지 않고 행동한다. B : 반드시 계획을 세우고 그것에 의거해서 행동한다.	
A : 자유롭게 행동하는 것을 좋아한다. B : 조직적으로 행동하는 것을 좋아한다.	
A : 조직성이나 관습에 속박당하지 않는다. B : 조직성이나 관습을 중요하게 여긴다.	
A : 계획 없이 낭비가 심한 편이다. B : 예산을 세워 물건을 구입하는 편이다.	

▶측정결과
㉠ 'A'가 많은 경우(지각) : 일의 변화에 융통성을 가지고 유연하게 대응하는 유형이다. 낙관적이며 질서보다는 자유를 좋아하나 임기응변식의 대응으로 무계획적인 인상을 줄 수 있다.
㉡ 'B'가 많은 경우(판단) : 일의 진행시 계획을 세워서 실행하는 유형이다. 순차적으로 진행하는 일을 좋아하고 끈기가 있으나 변화에 대해 적절하게 대응하지 못하는 경향이 있다.

03 MBTI 16가지 성격 유형

Myers와 Briggs가 고안한 도표로, 생각이 많은 내향성은 도표의 위쪽 두 줄에, 적극적이고 활동적인 외향성은 도표의 아래쪽 두 줄에, 감각형은 도표의 왼쪽 두 줄에, 직관형은 도표의 오른쪽 두 줄에 배치하였고, 분석적이고 논리적인 사고형은 도표의 왼편과 오른편에 배치하고, 관계지향적인 감정형은 도표의 중앙에 배치시켰다. 정리정돈을 잘하는 판단형은 도표의 아래위로 배치하고, 개방적이며 때로는 즉흥적인 인식형은 도표의 가운데로 모아놓았다.

✽ ISTJ
신중하고 조용하며 집중력이 강하고 매사에 철저하다. 구체적, 체계적, 사실적, 논리적, 현실적인 성격을 띠고 있으며, 신뢰할 만한다. 만사를 체계적으로 조직화시키려고 하며 책임감이 강하다. 성취해야 한다고 생각하는 일이면 주위의 시선에 아랑곳하지 않고 꾸준하고 건실하게 추진해 나간다.

✱ ISFJ

조용하고 친근하고 책임감이 있으며 양심바르다. 맡은 일에 헌신적이며 어떤 계획의 추진이나 집단에 안정감을 준다. 매사에 철저하고 성실하고 정확하다. 기계분야에는 관심이 적다. 필요하면 세세한 면까지도 잘 처리해 나간다. 충실하고 동정심이 많고 타인의 감정에 민감하다.

✱ INFJ

인내심이 많고 독창적이며 필요하거나 원하는 일이라면 끝까지 이루려고 한다. 자기 일에 최선의 노력을 다한다. 타인에게 말없이 영향력을 미치며, 양심이 바르고 다른 사람에게 따뜻한 관심을 가지고 있다. 확고부동한 원리원칙을 중시한다. 공동선을 위해서는 확신에 찬 신념을 가지고 있기 때문에 존경을 받으며 사람들이 따른다.

✱ INTJ

대체로 독창적이며 자기 아이디어나 목표를 달성하는데 강한 추진력을 가지고 있다. 관심을 끄는 일이라면 남의 도움이 있든 없든 이를 계획하고 추진해 나가는 능력이 뛰어나다. 회의적, 비판적, 독립적이고 확고부동하며 때로는 고집스러울 때도 많다. 타인의 감정을 고려하고 타인의 관점에도 귀를 기울이는 법을 배워야 한다.

✱ ISTP

차분한 방관자이다. 조용하고 과묵하며, 절제된 호기심을 가지고 인생을 관찰하고 분석한다. 때로는 예기치 않게 유머 감각을 나타내기도 한다. 대체로 인간관계에 관심이 없고, 기계가 어떻게 왜 작동하는지 흥미가 없다. 논리적인 원칙에 따라 사실을 조직화하기를 좋아한다.

✱ ISFP

말없이 다정하고 친절하고 민감하며 자기 능력을 뽐내지 않고 겸손하다. 의견의 충돌을 피하고 자기 견해나 가치를 타인에게 강요하지 않는다. 남 앞에 서서 주도해 나가기 보다 충실히 따르는 편이다. 일하는데에도 여유가 있다. 왜냐하면 목표를 달성하기 위해 안달복달하지 않고 현재를 즐기기 때문이다.

✱ INTP

조용하고 과묵하다. 특히 이론적·과학적 추구를 즐기며, 논리와 분석으로 문제를 해결하기를 좋아한다. 주로 자기 아이디어에 관심이 많으나, 사람들의 모임이나 잡담에는 관심이 없다. 관심의 종류가 뚜렷하므로 자기의 지적 호기심을 활용할 수 있는 분야에서 능력을 발휘할 수 있다.

✱ ESTP

현실적인 문제해결에 능하다. 근심이 없고 어떤 일이든 즐길 줄 안다. 기계 다루는 일이나 운동을 좋아하고 친구사귀기를 좋아한다. 적응력이 강하고 관용적이며, 보수적인 가치관을 가지고 있다. 긴 설명을 싫어한다. 기계의 분해 또는 조립과 같은 실제적인 일을 다루는데 능하다.

✱ ESFP

사교적이고 태평스럽고 수용적이고 친절하며, 만사를 즐기는 형이기 때문에 다른 사람들로 하여금 일에 재미를 느끼게 한다. 운동을 좋아하고 주위에 벌어지는 일에 관심이 많아 끼어들기 좋아한다. 추상적인 이론보다는 구체적인 사실을 잘 기억하는 편이다. 건전한 상식이나 사물 뿐 아니라 사람들을 대상으로 구체적인 능력이 요구되는 분야에서 능력을 발휘할 수 있다.

✱ ENFP

따뜻하고 정열적이고 활기에 넘치며 재능이 많고 상상력이 풍부하다. 관심이 있는 일이라면 어떤 일이든지 척척해낸다. 어려운 일이라도 해결을 잘하며 항상 남을 도와줄 태세를 가지고 있다. 자기 능력을 과시한 나머지 미리 준비하기보다 즉흥적으로 덤비는 경우가 많다. 자기가 원하는 일이라면 어떠한 이유라도 갖다 붙이며 부단히 새로운 것을 찾아 나선다.

✱ ENTP

민첩하고 독창적이고 안목이 넓으며 다방면에 재능이 많다. 새로운 일을 시도하고 추진하려는 의욕이 넘치며, 새로운 문제나 복잡한 문제를 해결하는 능력이 뛰어나며 달변이다. 그러나 일상적이고 세부적인 면은 간과하기 쉽다. 한 일에 관심을 가져도 부단히 새로운 것을 찾아나간다. 자기가 원하는 일이면 논리적인 이유를 찾아내는데 능하다.

✱ ESTJ

구체적이고 현실적이고 사실적이며, 기업 또는 기계에 재능을 타고난다. 실용성이 없는 일에는 관심이 없으며 필요할 때 응용할 줄 안다. 활동을 조직화하고 주도해 나가기를 좋아한다. 타인의 감정이나 관점에 귀를 기울일 줄 알면 훌륭한 행정가가 될 수 있다.

✱ ESFJ

마음이 따뜻하고 이야기하기 좋아하고, 사람들에게 인기가 있고 양심 바르고 남을 돕는 데에 타고난 기질이 있으며 집단에서도 능동적인 구성원이다. 조화를 중시하고 인화를 이루는데 능하다. 항상 남에게 잘해주며, 격려나 칭찬을 들을 때 가장 신바람을 낸다. 사람들에게 직접적이고 가시적인 영향을 줄 수 있는 일에 가장 관심이 많다.

✱ ENFJ

주위에 민감하며 책임감이 강하다. 다른 사람들의 생각이나 의견을 중히 여기고, 다름 사람들의 감정에 맞추어 일을 처리하려고 한다. 편안하고 능란하게 계획을 내놓거나 집단을 이끌어 가는 능력이 있다. 사교성이 풍부하고 인기 있고 동정심이 많다. 남의 칭찬이나 비판에 지나치게 민감하게 반응한다.

✳ ENTJ

열성이 많고 솔직하고 단호하고 통솔력이 있다. 대중 연설과 같이 추리와 지적담화가 요구되는 일이라면 어떤 것이든 능하다. 보통 정보에 밝고 지식에 대한 관심과 욕구가 많다. 때로는 실제의 자신보다 더 긍정적이거나 자신 있는 듯한 사람으로 비칠 때도 있다.

04 DISC 행동 유형

일반적으로 사람들은 태어나서부터 성장하여 현재에 이르기까지 자기 나름대로의 독특한 동기요인에 의해 선택적으로 일정한 방식으로 행동을 취하게 된다. 그것은 하나의 경향성을 이루게 되어 자신이 일하고 있거나 생활하고 있는 환경에서 아주 편안한 상태로 자연스럽게 그러한 행동을 하게 된다. 우리는 그것을 행동 패턴(Behavior Pattern) 또는 행동 스타일(Behavior Style)이라고 한다. 사람들이 이렇게 행동의 경향성을 보이는 것에 대해 1928년 미국 콜롬비아대학 심리학교수인 William Mouston Marston박사는 독자적인 행동유형모델을 만들어 설명하고 있다. Marston박사에 의하면 인간은 환경을 어떻게 인식하고 또한 그 환경 속에서 자기 개인의 힘을 어떻게 인식하느냐에 따라 4가지 형태로 행동을 하게 된다고 한다. 이러한 인식을 축으로 한 인간의 행동을 Marston박사는 각각 주도형, 사교형, 안정형, 신중형, 즉 DISC 행동유형으로 부르고 있다. DISC는 인간의 행동유형(성격)을 구성하는 핵심 4개요소인 Dominance, Influence, Steadiness, Conscientiousness의 약자로 다음과 같은 특징을 보인다.

Dominance(주도형) 담즙질	Influence(사교형) 다혈질
D 결과를 성취하기 위해 장애를 극복함으로써 스스로 환경을 조성한다.	I 다른 사람을 설득하거나 영향을 미침으로써 스스로 환경을 조성한다.
• 빠르게 결과를 얻는다. • 다른 사람의 행동을 유발시킨다. • 도전을 받아들인다. • 의사결정을 빠르게 내린다. • 기존의 상태에 문제를 제기한다. • 지도력을 발휘한다. • 어려운 문제를 처리한다. • 문제를 해결한다.	• 사람들과 접촉한다. • 호의적인 인상을 준다. • 말솜씨가 있다. • 다른 사람을 동기 유발시킨다. • 열정적이다. • 사람들을 즐겁게 한다. • 사람과 상황에 대해 낙관적이다. • 그룹활동을 좋아한다.
Conscientiousness(신중형) 우울질	Steadiness(안정형) 점액질
C 업무의 품질과 정확성을 높이기 위해 기존의 환경 안에서 신중하게 일한다.	S 과업을 수행하기 위해서 다른 사람과 협력을 한다.
• 중요한 지시나 기준에 관심을 둔다. • 세부사항에 신경을 쓴다. • 분석적으로 사고하고 찬반, 장단점 등을 고려한다. • 외교적 수완이 있다. • 갈등에 대해 간접적 혹은 우회적으로 접근한다. • 정확성을 점검한다. • 업무수행에 대해 비평적으로 분석한다.	• 예측가능하고 일관성 있게 일을 수행한다. • 참을성을 보인다. • 전문적인 기술을 개발한다. • 다른 사람을 돕고 지원한다. • 충성심을 보인다. • 남의 말을 잘 듣는다. • 흥분한 사람을 진정시킨다. • 안정되고, 조화로운 업무

CHAPTER

03

실전 인성검사

01 복합형

▌1~35▐ 다음 질문에 대해서 평소 자신이 생각하고 있는 것이나 행동하고 있는 것에 대해 박스에 주어진 응답 요령에 따라 답하시오.

응답요령

- 응답 Ⅰ : 제시된 문항들을 읽은 다음 각각의 문항에 대해 자신이 동의하는 정도를 ①(전혀 그렇지 않다)~⑤(매우 그렇다)로 표시하면 된다.
- 응답 Ⅱ : 제시된 문항들을 비교하여 상대적으로 자신의 성격과 가장 가까운 문항 하나와 가장 거리가 먼 문항 하나를 선택하여야 한다(응답 Ⅱ의 응답은 가깝다 1개, 멀다 1개, 무응답 2개이어야 한다).

1

문항	응답 Ⅰ					응답 Ⅱ	
	①	②	③	④	⑤	멀다	가깝다
A. 몸을 움직이는 것을 좋아하지 않는다.							
B. 쉽게 질리는 편이다.							
C. 경솔한 편이라고 생각한다.							
D. 인생의 목표는 손이 닿을 정도면 된다.							

2

문항	응답 Ⅰ					응답 Ⅱ	
	①	②	③	④	⑤	멀다	가깝다
A. 무슨 일도 좀처럼 시작하지 못한다.							
B. 초면인 사람과도 바로 친해질 수 있다.							
C. 행동하고 나서 생각하는 편이다.							
D. 쉬는 날은 집에 있는 경우가 많다.							

3

문항	응답 I					응답 II	
	①	②	③	④	⑤	멀다	가깝다
A. 조금이라도 나쁜 소식은 절망의 시작이라고 생각해 버린다.							
B. 언제나 실패가 걱정이 되어 어쩔 줄 모른다.							
C. 다수결의 의견에 따르는 편이다.							
D. 혼자서 술집에 들어가는 것은 전혀 두려운 일이 아니다.							

4

문항	응답 I					응답 II	
	①	②	③	④	⑤	멀다	가깝다
A. 승부근성이 강하다.							
B. 자주 흥분해서 침착하지 못하다.							
C. 지금까지 살면서 타인에게 폐를 끼친 적이 없다.							
D. 소곤소곤 이야기하는 것을 보면 자기에 대해 험담하고 있는 것으로 생각된다.							

5

문항	응답 I					응답 II	
	①	②	③	④	⑤	멀다	가깝다
A. 무엇이든지 자기가 나쁘다고 생각하는 편이다.							
B. 자신을 변덕스러운 사람이라고 생각한다.							
C. 고독을 즐기는 편이다.							
D. 자존심이 강하다고 생각한다.							

6

문항	응답 I					응답 II	
	①	②	③	④	⑤	멀다	가깝다
A. 금방 흥분하는 성격이다.							
B. 거짓말을 한 적이 없다.							
C. 신경질적인 편이다.							
D. 끙끙대며 고민하는 타입이다.							

7

문항	응답 I					응답 II	
	①	②	③	④	⑤	멀다	가깝다
A. 감정적인 사람이라고 생각한다.							
B. 자신만의 신념을 가지고 있다.							
C. 다른 사람을 바보 같다고 생각한 적이 있다.							
D. 금방 말해버리는 편이다.							

8

문항	응답 I					응답 II	
	①	②	③	④	⑤	멀다	가깝다
A. 싫어하는 사람이 없다.							
B. 대재앙이 오지 않을까 항상 걱정을 한다.							
C. 쓸데없는 고생을 하는 일이 많다.							
D. 자주 생각이 바뀌는 편이다.							

9

문항	응답 I					응답 II	
	①	②	③	④	⑤	멀다	가깝다
A. 문제점을 해결하기 위해 여러 사람과 상의한다.							
B. 내 방식대로 일을 한다.							
C. 영화를 보고 운 적이 많다.							
D. 어떤 것에 대해서도 화낸 적이 없다.							

10

문항	응답 I					응답 II	
	①	②	③	④	⑤	멀다	가깝다
A. 사소한 충고에도 걱정을 한다.							
B. 자신은 도움이 안 되는 사람이라고 생각한다.							
C. 금방 싫증을 내는 편이다.							
D. 개성적인 사람이라고 생각한다.							

11

문항	응답 I					응답 II	
	①	②	③	④	⑤	멀다	가깝다
A. 자기주장이 강한 편이다.							
B. 뒤숭숭하다는 말을 들은 적이 있다.							
C. 학교를 쉬고 싶다고 생각한 적이 한 번도 없다.							
D. 사람들과 관계 맺는 것을 보면 잘하지 못한다.							

12

문항	응답 I					응답 II	
	①	②	③	④	⑤	멀다	가깝다
A. 사려 깊은 편이다.							
B. 몸을 움직이는 것을 좋아한다.							
C. 끈기가 있는 편이다.							
D. 신중한 편이라고 생각한다.							

13

문항	응답 I					응답 II	
	①	②	③	④	⑤	멀다	가깝다
A. 인생의 목표는 큰 것이 좋다.							
B. 어떤 일이라도 바로 시작하는 타입이다.							
C. 낯가림을 하는 편이다.							
D. 생각하고 나서 행동하는 편이다.							

14

문항	응답 I					응답 II	
	①	②	③	④	⑤	멀다	가깝다
A. 쉬는 날은 밖으로 나가는 경우가 많다.							
B. 시작한 일은 반드시 완성시킨다.							
C. 면밀한 계획을 세운 여행을 좋아한다.							
D. 야망이 있는 편이라고 생각한다.							

15

문항	응답 I					응답 II	
	①	②	③	④	⑤	멀다	가깝다
A. 활동력이 있는 편이다.							
B. 많은 사람들과 왁자지껄하게 식사하는 것을 좋아하지 않는다.							
C. 돈을 허비한 적이 없다.							
D. 운동회를 아주 좋아하고 기대했다.							

16

문항	응답 I					응답 II	
	①	②	③	④	⑤	멀다	가깝다
A. 하나의 취미에 열중하는 타입이다.							
B. 모임에서 회장에 어울린다고 생각한다.							
C. 입신출세의 성공이야기를 좋아한다.							
D. 어떠한 일도 의욕을 가지고 임하는 편이다.							

17

문항	응답 I					응답 II	
	①	②	③	④	⑤	멀다	가깝다
A. 학급에서는 존재가 희미했다.							
B. 항상 무언가를 생각하고 있다.							
C. 스포츠는 보는 것보다 하는 게 좋다.							
D. 잘한다라는 말을 자주 듣는다.							

18

문항	응답 I					응답 II	
	①	②	③	④	⑤	멀다	가깝다
A. 흐린 날은 반드시 우산을 가지고 간다.							
B. 주연상을 받을 수 있는 배우를 좋아한다.							
C. 공격하는 타입이라고 생각한다.							
D. 리드를 받는 편이다.							

19

문항	응답 I					응답 II	
	①	②	③	④	⑤	멀다	가깝다
A. 너무 신중해서 기회를 놓친 적이 있다.							
B. 시원시원하게 움직이는 타입이다.							
C. 야근을 해서라도 업무를 끝낸다.							
D. 누군가를 방문할 때는 반드시 사전에 확인한다.							

20

문항	응답 I					응답 II	
	①	②	③	④	⑤	멀다	가깝다
A. 노력해도 결과가 따르지 않으면 의미가 없다.							
B. 무조건 행동해야 한다.							
C. 유행에 둔감하다고 생각한다.							
D. 정해진 대로 움직이는 것은 시시하다.							

21

문항	응답 I					응답 II	
	①	②	③	④	⑤	멀다	가깝다
A. 꿈을 계속 가지고 있고 싶다.							
B. 질서보다 자유를 중요시하는 편이다.							
C. 혼자서 취미에 몰두하는 것을 좋아한다.							
D. 직관적으로 판단하는 편이다.							

22

문항	응답 I					응답 II	
	①	②	③	④	⑤	멀다	가깝다
A. 영화나 드라마를 보면 등장인물의 감정에 이입된다.							
B. 시대의 흐름에 역행해서라도 자신을 관철하고 싶다.							
C. 다른 사람의 소문에 관심이 없다.							
D. 창조적인 편이다.							

23

문항	응답 I					응답 II	
	①	②	③	④	⑤	멀다	가깝다
A. 비교적 눈물이 많은 편이다.							
B. 융통성이 있다고 생각한다.							
C. 친구의 휴대전화 번호를 잘 모른다.							
D. 스스로 고안하는 것을 좋아한다.							

24

문항	응답 I					응답 II	
	①	②	③	④	⑤	멀다	가깝다
A. 정이 두터운 사람으로 남고 싶다.							
B. 조직의 일원으로 별로 안 어울린다.							
C. 세상의 일에 별로 관심이 없다.							
D. 변화를 추구하는 편이다.							

25

문항	응답 I					응답 II	
	①	②	③	④	⑤	멀다	가깝다
A. 업무는 인간관계로 선택한다.							
B. 환경이 변하는 것에 구애되지 않는다.							
C. 불안감이 강한 편이다.							
D. 인생은 살 가치가 없다고 생각한다.							

26

문항	응답 I					응답 II	
	①	②	③	④	⑤	멀다	가깝다
A. 의지가 약한 편이다.							
B. 다른 사람이 하는 일에 별로 관심이 없다.							
C. 사람을 설득시키는 것은 어렵지 않다.							
D. 심심한 것을 못 참는다.							

27

문항	응답 I					응답 II	
	①	②	③	④	⑤	멀다	가깝다
A. 다른 사람을 욕한 적이 한 번도 없다.							
B. 다른 사람에게 어떻게 보일지 신경을 쓴다.							
C. 금방 낙심하는 편이다.							
D. 다른 사람에게 의존하는 경향이 있다.							

28

문항	응답 I					응답 II	
	①	②	③	④	⑤	멀다	가깝다
A. 그다지 융통성이 있는 편이 아니다.							
B. 다른 사람이 내 의견에 간섭하는 것이 싫다.							
C. 낙천적인 편이다.							
D. 숙제를 잊어버린 적이 한 번도 없다.							

29

문항	응답 I					응답 II	
	①	②	③	④	⑤	멀다	가깝다
A. 밤길에는 발소리가 들리기만 해도 불안하다.							
B. 상냥하다는 말을 들은 적이 있다.							
C. 자신은 유치한 사람이다.							
D. 잡담을 하는 것보다 책을 읽는게 낫다.							

30

문항	응답 I					응답 II	
	①	②	③	④	⑤	멀다	가깝다
A. 나는 영업에 적합한 타입이라고 생각한다.							
B. 술자리에서 술을 마시지 않아도 흥을 돋울 수 있다.							
C. 한 번도 병원에 간 적이 없다.							
D. 나쁜 일은 걱정이 되어서 어쩔 줄을 모른다.							

31

문항	응답 I					응답 II	
	①	②	③	④	⑤	멀다	가깝다
A. 금세 무기력해지는 편이다.							
B. 비교적 고분고분한 편이라고 생각한다.							
C. 독자적으로 행동하는 편이다.							
D. 적극적으로 행동하는 편이다.							

32

문항	응답 I					응답 II	
	①	②	③	④	⑤	멀다	가깝다
A. 금방 감격하는 편이다.							
B. 어떤 것에 대해서도 불만을 가진 적이 없다.							
C. 밤에 못잘 때가 많다.							
D. 자주 후회하는 편이다.							

33

문항	응답 I					응답 II	
	①	②	③	④	⑤	멀다	가깝다
A. 뜨거워지기 쉽고 식기 쉽다.							
B. 자신만의 세계를 가지고 있다.							
C. 많은 사람들 앞에서도 긴장하는 일은 없다.							
D. 말하는 것을 아주 좋아한다.							

34

문항	응답 I					응답 II	
	①	②	③	④	⑤	멀다	가깝다
A. 인생을 포기하는 마음을 가진 적이 한 번도 없다.							
B. 어두운 성격이다.							
C. 금방 반성한다.							
D. 활동범위가 넓은 편이다.							

35

문항	응답 I					응답 II	
	①	②	③	④	⑤	멀다	가깝다
A. 자신을 끈기 있는 사람이라고 생각한다.							
B. 좋다고 생각하더라도 좀 더 검토하고 나서 실행한다.							
C. 위대한 인물이 되고 싶다.							
D. 한 번에 많은 일을 떠맡아도 힘들지 않다.							

02 생각일치형

┃1~50┃ 다음 각 문제에서 제시된 4개의 질문 중 자신의 생각과 일치하거나 자신을 가장 잘 나타내는 질문과 가장 거리가 먼 질문을 각각 하나씩 고르시오.

	질문	가깝다	멀다
1	나는 계획적으로 일을 하는 것을 좋아한다.		
	나는 꼼꼼하게 일을 마무리 하는 편이다.		
	나는 새로운 방법으로 문제를 해결하는 것을 좋아한다.		
	나는 빠르고 신속하게 일을 처리해야 마음이 편하다.		
2	나는 문제를 해결하기 위해 여러 사람과 상의한다.		
	나는 어떠한 결정을 내릴 때 신중한 편이다.		
	나는 시작한 일은 반드시 완성시킨다.		
	나는 문제를 현실적이고 객관적으로 해결한다.		
3	나는 글보다 말로 표현하는 것이 편하다.		
	나는 논리적인 원칙에 따라 행동하는 것이 좋다.		
	나는 집중력이 강하고 매사에 철저하다.		
	나는 자기능력을 뽐내지 않고 겸손하다.		
4	나는 융통성 있게 업무를 처리한다.		
	나는 질문을 받으면 충분히 생각하고 나서 대답한다.		
	나는 긍정적이고 낙천적인 사고방식을 갖고 있다.		
	나는 매사에 적극적인 편이다.		
5	나는 기발한 아이디어를 많이 낸다.		
	나는 새로운 일을 하는 것이 좋다.		
	나는 타인의 견해를 잘 고려한다.		
	나는 사람들을 잘 설득시킨다.		

질문	가깝다	멀다
6 나는 종종 화가 날 때가 있다.		
나는 화를 잘 참지 못한다.		
나는 단호하고 통솔력이 있다.		
나는 집단을 이끌어가는 능력이 있다.		
7 나는 조용하고 성실하다.		
나는 책임감이 강하다.		
나는 독창적이며 창의적이다.		
나는 복잡한 문제도 간단하게 해결한다.		
8 나는 관심 있는 분야에 몰두하는 것이 즐겁다.		
나는 목표를 달성하는 것을 중요하게 생각한다.		
나는 상황에 따라 일정을 조율하는 융통성이 있다.		
나는 의사결정에 신속함이 있다.		
9 나는 정리 정돈과 계획에 능하다.		
나는 사람들의 관심을 받는 것이 기분 좋다.		
나는 때로는 고집스러울 때도 있다.		
나는 원리원칙을 중시하는 편이다.		
10 나는 맡은 일에 헌신적이다.		
나는 타인의 감정에 민감하다.		
나는 목적과 방향은 변화할 수 있다고 생각한다.		
나는 다른 사람과 의견의 충돌은 피하고 싶다.		
11 나는 구체적인 사실을 잘 기억하는 편이다.		
나는 새로운 일을 시도하는 것이 즐겁다.		
나는 겸손하다.		
나는 다른 사람과 별다른 마찰이 없다.		
12 나는 나이에 비해 성숙한 편이다.		
나는 유머감각이 있다.		
나는 다른 사람의 생각이나 의견을 중요시 생각한다.		
나는 솔직하고 단호한 편이다.		
13 나는 낙천적이고 긍정적이다.		
나는 집단을 이끌어가는 능력이 있다.		
나는 사람들에게 인기가 많다.		
나는 활동을 조직하고 주도해나가는데 능하다.		
14 나는 사람들에게 칭찬을 잘 한다.		
나는 사교성이 풍부한 편이다.		
나는 동정심이 많다.		
나는 정보에 밝고 지식에 대한 욕구가 높다.		

	질문	가깝다	멀다
15	나는 호기심이 많다.		
	나는 다수결의 의견에 쉽게 따른다.		
	나는 승부근성이 강하다.		
	나는 자존심이 강한 편이다.		
16	나는 한번 생각한 것은 자주 바꾸지 않는다.		
	나는 개성 있다는 말을 자주 듣는다.		
	나는 나만의 방식으로 업무를 풀어나가는데 능하다.		
	나는 신중한 편이라고 생각한다.		
17	나는 문제를 해결하기 위해 많은 사람의 의견을 참고한다.		
	나는 몸을 움직이는 것을 좋아한다.		
	나는 시작한 일은 반드시 완성시킨다.		
	나는 문제 상황을 객관적으로 대처하는데 자신이 있다.		
18	나는 목표를 향해 계속 도전하는 편이다.		
	나는 실패하는 것이 두렵지 않다.		
	나는 친구들이 많은 편이다.		
	나는 다른 사람의 시선을 고려하여 행동한다.		
19	나는 추상적인 이론을 잘 기억하는 편이다.		
	나는 적극적으로 행동하는 편이다.		
	나는 말하는 것을 좋아한다.		
	나는 꾸준히 노력하는 타입이다.		
20	나는 실행력이 있는 편이다.		
	나는 조직 내 분위기 메이커이다.		
	나는 세심하지 못한 편이다.		
	나는 모임에서 지원자 역할을 맡는 것이 좋다.		
21	나는 현실적이고 실용적인 것을 추구한다.		
	나는 계획을 세우고 실행하는 것이 재미있다.		
	나는 꾸준한 취미를 갖고 있다.		
	나는 성급하게 결정하지 않는다.		
22	나는 싫어하는 사람과도 아무렇지 않게 이야기 할 수 있다.		
	내 책상은 항상 깔끔히 정돈되어 있다.		
	나는 실패보다 성공을 먼저 생각한다.		
	나는 동료와의 경쟁도 즐긴다.		
23	나는 능력을 칭찬받는 경우가 많다.		
	나는 논리정연하게 말을 하는 편이다.		
	나는 사물의 근원과 배경에 대해 관심이 많다.		
	나는 문제에 부딪히면 스스로 해결하는 편이다.		

질문		가깝다	멀다
24	나는 부지런한 편이다.		
	나는 일을 하는 속도가 빠르다.		
	나는 독특하고 창의적인 생각을 잘한다.		
	나는 약속한 일은 어기지 않는다.		
25	나는 환경의 변화에도 쉽게 적응할 수 있다.		
	나는 망설이는 것보다 도전하는 편이다.		
	나는 완벽주의자이다.		
	나는 팀을 짜서 일을 하는 것이 재미있다.		
26	나는 조직을 위해서 내 이익을 포기할 수 있다.		
	나는 상상력이 풍부하다.		
	나는 여러 가지 각도로 사물을 분석하는 것이 좋다.		
	나는 인간관계를 중시하는 편이다.		
27	나는 경험한 방법 중 가장 적합한 방법으로 일을 해결한다.		
	나는 독자적인 시각을 갖고 있다.		
	나는 시간이 걸려도 침착하게 생각하는 경우가 많다.		
	나는 높은 목표를 설정하고 이루기 위해 노력하는 편이다.		
28	나는 성격이 시원시원하다는 말을 자주 듣는다.		
	나는 자기 표현력이 강한 편이다.		
	나는 일의 내용을 중요시 여긴다.		
	나는 다른 사람보다 동정심이 많은 편이다.		
29	나는 하기 싫은 일을 맡아도 표시내지 않고 마무리 한다.		
	나는 누가 시키지 않아도 일을 계획적으로 진행한다.		
	나는 한 가지 일에 집중을 잘 하는 편이다.		
	나는 남을 설득하고 이해시키는데 자신이 있다.		
30	나는 비합리적이거나 불의를 보면 쉽게 지나치지 못한다.		
	나는 무엇이던 시작하면 이루어야 직성이 풀린다.		
	나는 사람을 가리지 않고 쉽게 사귄다.		
	나는 어렵고 힘든 일에 도전하는 것에 쾌감을 느낀다.		
31	나는 명랑하고 쾌활한 성격이며 활동적이다.		
	나는 지나간 일에는 미련을 두지 않는다.		
	나는 내가 조금 손해 보더라도 남을 돕는데 적극적이다.		
	나는 승부근성이 강한 편이다.		
32	나는 경쟁하는 일보다 협동하는 일이 좋다.		
	나는 일을 모아서 한 번에 처리하는데 능하다.		
	나는 위기의 상황에서 순간적인 대처능력이 있다.		
	나는 라이벌과의 경쟁에서 지고 싶지 않다.		

	질문	가깝다	멀다
33	나는 재능이 많고 활기차다.		
	나는 눈치가 빨라서 다른 사람의 감정을 쉽게 파악한다.		
	나는 새로운 것보다는 검증되고 안전한 것을 선택한다.		
	나는 주어진 시간 내에 많은 성과를 내고 싶다.		
34	나는 상황에 정면으로 맞서서 도전하는 것이 좋다.		
	나는 대인관계의 폭이 넓은 편이다.		
	나는 윤리적이고 양심적으로 살고 싶다.		
	나는 의지력이 강한 편이며 쉽게 포기하지 않는다.		
35	나는 약자를 괴롭히는 정의롭지 못한 사람은 혼내주고 싶다.		
	나는 두뇌회전이 빠르고 아이디어가 풍부하다는 말을 듣는다.		
	나는 권위나 예의를 따지기보다 격의 없이 지내는 것이 좋다.		
	나는 성공을 위해서 끊임없이 노력한다.		
36	나는 함께 있으면 마음이 편안하다는 소리를 듣는다.		
	나는 이해력이 빠른 편이다.		
	나는 규칙을 정확히 지키는 편이다.		
	나는 다른 사람에게 좋은 인상을 주기 위해 이미지에 신경 쓰는 편이다.		
37	나는 감정이 풍부한 편이다.		
	나는 다른 사람을 도와줄 때 보람을 느낀다.		
	나는 공사구분이 확실한 편이다.		
	나는 독립적인 주관을 갖고 있다.		
38	나는 타인에게 자기 견해나 가치를 강요하지 않는다.		
	나는 감정에 쉽게 흔들리지 않는 절제력을 갖고 있다.		
	나는 미리 준비하여 업무를 시작한다.		
	나는 의견이 대립될 때 중재하는 역할을 자주 수행한다.		
39	나는 합리적인 사고를 중시하며 효율적으로 일한다.		
	친한 친구라도 경쟁을 한다면 이기는 것이 중요하다.		
	나는 계속해서 새로운 것에 도전하며 발전하고 싶다.		
	나는 타인의 충고에도 관대하다.		
40	나는 협동성이 강한 편이다.		
	나는 자기관리에 철저하다.		
	나는 전통적인 방식을 선호한다.		
	나는 무엇인가를 배우는 것에서 즐거움을 느낀다.		
41	나는 종종 어떤 분야에서 전문가 수준의 지식과 식견을 갖고 있다.		
	나는 다른 사람들에게 동기를 부여하는 능력이 탁월하다.		
	나는 무리한 부탁이더라도 도움을 주려고 노력한다.		
	나는 효율성 있는 작업방법을 찾기 위해 작업 방식을 미리 고민한다.		

질문		가깝다	멀다
42	나는 무엇이든 쉽게 배우는 편이다.		
	나는 대화를 이끌어 나가는 편이다.		
	나는 객관적인 관찰력과 분석력을 갖고 있다.		
	나는 어떠한 일을 하던 끈기 있게 몰두한다.		
43	나는 팀을 위해 희생하는 것이 당연하다고 생각한다.		
	나는 계획을 세워 정확하게 지키는 편이다.		
	나는 완벽을 추구하기 위해 끊임없이 노력한다.		
	나는 모든 것을 품는 포용력이 있다.		
44	나는 나에게 주어진 기대 이상의 능력을 지니고 있다.		
	나는 핵심 원리를 이해하는 것이 중요하다고 생각한다.		
	나는 수동적인 사람보다 적극적인 사람이라고 생각한다.		
	나는 안전한 방법을 고르는 편이다.		
45	나는 교제의 범위가 넓은 편이다.		
	나는 피곤하더라도 웃으면서 일하는 편이다.		
	나는 아직 일어나지 않은 일이라도 미리 대처하는 편이다.		
	나는 동료보다 돋보이고 싶다.		
46	나는 상사가 지시하는 일은 복종해야 한다고 생각한다.		
	나는 취미생활을 3~4개 정도 갖고 있다.		
	나는 전체의 흐름에 순응하는 편이다.		
	나는 나만이 할 수 있는 일을 하고 싶다.		
47	나는 착한 사람이라는 말을 종종 듣는다.		
	나는 토론이나 경쟁 프레젠테이션에 강하다.		
	나는 실험정신이 강한 편이다.		
	나는 다른 사람을 쉽게 믿는다.		
48	나는 돌발적이고 긴급한 상황이라도 긴장하지 않는다.		
	나는 주위 사람들과 어울려 노는 것이 즐겁다.		
	나는 한 번에 여러 가지 일을 하는데 능숙하다.		
	나는 주어진 기회는 반드시 놓치지 않는다.		
49	나는 이성적이고 합리적인 사람이 이상향이다.		
	나는 직관력이 뛰어난 편이다.		
	나는 위험을 무릅쓰더라도 성공하고 싶다.		
	나는 타인에 대한 이해와 배려심이 강하다.		
50	나는 지루한 것은 참기 힘들다.		
	나는 장난이 심한 편이다.		
	나는 지난일을 생각할 때가 자주 있다.		
	나는 논리보다 감정이 앞선다.		

┃1~15┃ 다음 주어진 보기 중에서 자신과 가장 가깝다고 생각하는 것은 'ㄱ'에 표시하고, 자신과 가장 멀다고 생각하는 것은 'ㅁ'에 표시하시오.

1

① 모임에서 리더에 어울리지 않는다고 생각한다.
② 착실한 노력으로 성공한 이야기를 좋아한다.
③ 어떠한 일에도 의욕이 없이 임하는 편이다.
④ 학급에서는 존재가 두드러졌다.

ㄱ	① ② ③ ④
ㅁ	① ② ③ ④

2

① 아무것도 생각하지 않을 때가 많다.
② 스포츠는 하는 것보다는 보는 게 좋다.
③ 성격이 급한 편이다.
④ 비가 오지 않으면 우산을 가지고 가지 않는다.

ㄱ	① ② ③ ④
ㅁ	① ② ③ ④

3

① 1인자보다는 조력자의 역할을 좋아한다.
② 의리를 지키는 타입이다.
③ 리드를 하는 편이다.
④ 남의 이야기를 잘 들어준다.

ㄱ	① ② ③ ④
ㅁ	① ② ③ ④

4

① 여유 있게 대비하는 타입이다.
② 업무가 진행 중이라도 야근을 하지 않는다.
③ 즉흥적으로 약속을 잡는다.
④ 노력하는 과정이 결과보다 중요하다.

ㄱ	① ② ③ ④
ㅁ	① ② ③ ④

5

① 무리해서 행동할 필요는 없다.

② 유행에 민감하다고 생각한다.

③ 정해진 대로 움직이는 편이 안심된다.

④ 현실을 직시하는 편이다.

ㄱ	① ② ③ ④
ㅁ	① ② ③ ④

6

① 자유보다 질서를 중요시하는 편이다.

② 사람들과 이야기하는 것을 좋아한다.

③ 경험에 비추어 판단하는 편이다.

④ 영화나 드라마는 각본의 완성도나 화면구성에 주목한다.

ㄱ	① ② ③ ④
ㅁ	① ② ③ ④

7

① 혼자 자유롭게 생활하는 것이 편하다.

② 다른 사람의 소문에 관심이 많다.

③ 실무적인 편이다.

④ 비교적 냉정한 편이다.

ㄱ	① ② ③ ④
ㅁ	① ② ③ ④

8

① 협조성이 있다고 생각한다.

② 친한 친구의 휴대폰 번호는 대부분 외운다.

③ 정해진 순서에 따르는 것을 좋아한다.

④ 이성적인 사람으로 남고 싶다.

ㄱ	① ② ③ ④
ㅁ	① ② ③ ④

9

① 단체 생활을 잘 한다.
② 세상의 일에 관심이 많다.
③ 안정을 추구하는 편이다.
④ 도전하는 것이 즐겁다.

ㄱ	① ② ③ ④
ㅁ	① ② ③ ④

10

① 되도록 환경은 변하지 않는 것이 좋다.
② 밝은 성격이다.
③ 지나간 일에 연연하지 않는다.
④ 활동범위가 좁은 편이다.

ㄱ	① ② ③ ④
ㅁ	① ② ③ ④

11

① 자신을 시원시원한 사람이라고 생각한다.
② 좋다고 생각하면 바로 행동한다.
③ 세상에 필요한 사람이 되고 싶다.
④ 한 번에 많은 일을 떠맡는 것은 골칫거리라고 생각한다.

ㄱ	① ② ③ ④
ㅁ	① ② ③ ④

12

① 사람과 만나는 것이 즐겁다.
② 질문을 받으면 그때의 느낌으로 대답하는 편이다.
③ 땀을 흘리는 것보다 머리를 쓰는 일이 좋다.
④ 이미 결정된 것이라도 그다지 구속받지 않는다.

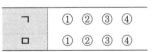

ㄱ	① ② ③ ④
ㅁ	① ② ③ ④

13

① 외출시 문을 잠갔는지 잘 확인하지 않는다.
② 권력욕이 있다.
③ 안전책을 고르는 타입이다.
④ 자신이 사교적이라고 생각한다.

ㄱ	① ② ③ ④
ㅁ	① ② ③ ④

14

① 예절 · 규칙 · 법 따위에 민감하다.
② '참 착하네요'라는 말을 자주 듣는다.
③ 내가 즐거운 것이 최고다.
④ 누구도 예상하지 못한 일을 해보고 싶다.

ㄱ	① ② ③ ④
ㅁ	① ② ③ ④

15

① 평범하고 평온하게 행복한 인생을 살고 싶다.
② 모험하는 것이 좋다.
③ 특별히 소극적이라고 생각하지 않는다.
④ 이것저것 평하는 것이 싫다.

ㄱ	① ② ③ ④
ㅁ	① ② ③ ④

▌1~200▐ 다음 (   ) 안에 당신에게 해당사항이 있으면 'YES', 그렇지 않다면 'NO'를 선택하시오.

　　　　　　　　　　　　　　　　　　　　　　　　　　　　　　　　　YES　NO

1. 사람들이 붐비는 도시보다 한적한 시골이 좋다. ……………………………………………(　)(　)

2. 전자기기를 잘 다루지 못하는 편이다. ……………………………………………………(　)(　)

3. 인생에 대해 깊이 생각해 본 적이 없다. …………………………………………………(　)(　)

4. 혼자서 식당에 들어가는 것은 전혀 두려운 일이 아니다. ………………………………(　)(　)

5. 남녀 사이의 연애에서 중요한 것은 돈이다. ……………………………………………(　)(　)

6. 걸음걸이가 빠른 편이다. ……………………………………………………………………(　)(　)

7. 육류보다 채소류를 더 좋아한다. …………………………………………………………(　)(　)

8. 소곤소곤 이야기하는 것을 보면 자기에 대해 험담하고 있는 것으로 생각된다. ………(　)(　)

9. 여럿이 어울리는 자리에서 이야기를 주도하는 편이다. …………………………………(　)(　)

10. 집에 머무는 시간보다 밖에서 활동하는 시간이 더 많은 편이다. ……………………(　)(　)

11. 무엇인가 창조해내는 작업을 좋아한다. …………………………………………………(　)(　)

12. 자존심이 강하다고 생각한다. ……………………………………………………………(　)(　)

13. 금방 흥분하는 성격이다. …………………………………………………………………(　)(　)

14. 거짓말을 한 적이 많다. ……………………………………………………………………(　)(　)

15. 신경질적인 편이다. …………………………………………………………………………(　)(　)

16. 끙끙대며 고민하는 타입이다. ……………………………………………………………(　)(　)

17. 자신이 맡은 일에 반드시 책임을 지는 편이다. …………………………………………(　)(　)

18. 누군가와 마주하는 것보다 통화로 이야기하는 것이 더 편하다. ………………………(　)(　)

19. 운동신경이 뛰어난 편이다. ………………………………………………………………(　)(　)

20. 생각나는 대로 말해버리는 편이다. ………………………………………………………(　)(　)

21. 싫어하는 사람이 없다. ……………………………………………………………………(　)(　)

22. 학창시절 국·영·수보다는 예체능 과목을 더 좋아했다. ………………………………(　)(　)

23. 쓸데없는 고생을 하는 일이 많다. …………………………………………………………(　)(　)

24. 자주 생각이 바뀌는 편이다. ···( )( )

25. 갈등은 대화로 해결한다. ···( )( )

26. 내 방식대로 일을 한다. ···( )( )

27. 영화를 보고 운 적이 많다. ···( )( )

28. 어떤 것에 대해서도 화낸 적이 없다. ···( )( )

29. 좀처럼 아픈 적이 없다. ···( )( )

30. 자신은 도움이 안 되는 사람이라고 생각한다. ···( )( )

31. 어떤 일이든 쉽게 싫증을 내는 편이다. ···( )( )

32. 개성적인 사람이라고 생각한다. ···( )( )

33. 자기주장이 강한 편이다. ···( )( )

34. 뒤숭숭하다는 말을 들은 적이 있다. ···( )( )

35. 인터넷 사용이 아주 능숙하다. ···( )( )

36. 사람들과 관계 맺는 것을 보면 잘하지 못한다. ·······································( )( )

37. 사고방식이 독특하다. ···( )( )

38. 대중교통보다는 걷는 것을 더 선호한다. ···( )( )

39. 끈기가 있는 편이다. ···( )( )

40. 신중한 편이라고 생각한다. ···( )( )

41. 인생의 목표는 큰 것이 좋다. ···( )( )

42. 어떤 일이라도 바로 시작하는 타입이다. ···( )( )

43. 낯가림을 하는 편이다. ···( )( )

44. 생각하고 나서 행동하는 편이다. ···( )( )

45. 쉬는 날은 밖으로 나가는 경우가 많다. ···( )( )

46. 시작한 일은 반드시 완성시킨다. ···( )( )

47. 면밀한 계획을 세운 여행을 좋아한다. ···( )( )

48. 야망이 있는 편이라고 생각한다. ···( )( )

49. 활동력이 있는 편이다. ···( )( )

50. 많은 사람들과 와자지껄하게 식사하는 것을 좋아하지 않는다. ·····················(　)(　)

51. 장기적인 계획을 세우는 것을 꺼려한다. ···(　)(　)

52. 자기 일이 아닌 이상 무심한 편이다. ···(　)(　)

53. 하나의 취미에 열중하는 타입이다. ···(　)(　)

54. 스스로 모임에서 회장에 어울린다고 생각한다. ·······························(　)(　)

55. 입신출세의 성공이야기를 좋아한다. ···(　)(　)

56. 어떠한 일도 의욕을 가지고 임하는 편이다. ···································(　)(　)

57. 학급에서는 존재가 희미했다. ···(　)(　)

58. 항상 무언가를 생각하고 있다. ···(　)(　)

59. 스포츠는 보는 것보다 하는 게 좋다. ···(　)(　)

60. 문제 상황을 바르게 인식하고 현실적이고 객관적으로 대처한다. ···········(　)(　)

61. 흐린 날은 반드시 우산을 가지고 간다. ···(　)(　)

62. 여러 명보다 1 : 1로 대화하는 것을 선호한다. ·······························(　)(　)

63. 공격하는 타입이라고 생각한다. ···(　)(　)

64. 리드를 받는 편이다. ···(　)(　)

65. 너무 신중해서 기회를 놓친 적이 있다. ···(　)(　)

66. 시원시원하게 움직이는 타입이다. ···(　)(　)

67. 야근을 해서라도 업무를 끝낸다. ···(　)(　)

68. 누군가를 방문할 때는 반드시 사전에 확인한다. ·····························(　)(　)

69. 아무리 노력해도 결과가 따르지 않는다면 의미가 없다. ·····················(　)(　)

70. 솔직하고 타인에 대해 개방적이다. ···(　)(　)

71. 유행에 둔감하다고 생각한다. ···(　)(　)

72. 정해진 대로 움직이는 것은 시시하다. ···(　)(　)

73. 꿈을 계속 가지고 있고 싶다. ···(　)(　)

74. 질서보다 자유를 중요시하는 편이다. ···(　)(　)

75. 혼자서 취미에 몰두하는 것을 좋아한다. ···(　)(　)

76. 직관적으로 판단하는 편이다. ···( )( )

77. 영화나 드라마를 보며 등장인물의 감정에 이입된다. ·····················( )( )

78. 시대의 흐름에 역행해서라도 자신을 관철하고 싶다. ·····················( )( )

79. 다른 사람의 소문에 관심이 없다. ···( )( )

80. 창조적인 편이다. ··( )( )

81. 비교적 눈물이 많은 편이다. ··( )( )

82. 융통성이 있다고 생각한다. ···( )( )

83. 친구의 휴대전화 번호를 잘 모른다. ···( )( )

84. 스스로 고안하는 것을 좋아한다. ··( )( )

85. 정이 두터운 사람으로 남고 싶다. ··( )( )

86. 새로 나온 전자제품의 사용방법을 익히는 데 오래 걸린다. ·············( )( )

87. 세상의 일에 별로 관심이 없다. ··( )( )

88. 변화를 추구하는 편이다. ··( )( )

89. 업무는 인간관계로 선택한다. ··( )( )

90. 환경이 변하는 것에 구애되지 않는다. ···( )( )

91. 다른 사람들에게 첫인상이 좋다는 이야기를 자주 듣는다. ···············( )( )

92. 인생은 살 가치가 없다고 생각한다. ···( )( )

93. 의지가 약한 편이다. ··( )( )

94. 다른 사람이 하는 일에 별로 관심이 없다. ··································( )( )

95. 자주 넘어지거나 다치는 편이다. ··( )( )

96. 심심한 것을 못 참는다. ··( )( )

97. 다른 사람을 욕한 적이 한 번도 없다. ···( )( )

98. 몸이 아프더라도 병원에 잘 가지 않는 편이다. ····························( )( )

99. 금방 낙심하는 편이다. ··( )( )

100. 평소 말이 빠른 편이다. ··( )( )

101. 어려운 일은 되도록 피하는 게 좋다. ···( )( )

102. 다른 사람이 내 의견에 간섭하는 것이 싫다. ·······························( )( )

103. 낙천적인 편이다. ···( )( )

104. 남을 돕다가 오해를 산 적이 있다. ······································( )( )

105. 모든 일에 준비성이 철저한 편이다. ·····································( )( )

106. 상냥하다는 말을 들은 적이 있다. ·······································( )( )

107. 맑은 날보다 흐린 날을 더 좋아한다. ····································( )( )

108. 많은 친구들을 만나는 것보다 단 둘이 만나는 것이 더 좋다. ···········( )( )

109. 평소에 불평불만이 많은 편이다. ·······································( )( )

110. 가끔 나도 모르게 엉뚱한 행동을 하는 때가 있다. ·····················( )( )

111. 생리현상을 잘 참지 못하는 편이다. ·····································( )( )

112. 다른 사람을 기다리는 경우가 많다. ·····································( )( )

113. 술자리나 모임에 억지로 참여하는 경우가 많다. ·······················( )( )

114. 결혼과 연애는 별개라고 생각한다. ·····································( )( )

115. 노후에 대해 걱정이 될 때가 많다. ······································( )( )

116. 잃어버린 물건은 쉽게 찾는 편이다. ·····································( )( )

117. 비교적 쉽게 감격하는 편이다. ··( )( )

118. 어떤 것에 대해서는 불만을 가진 적이 없다. ···························( )( )

119. 걱정으로 밤에 못 잘 때가 많다. ·······································( )( )

120. 자주 후회하는 편이다. ··( )( )

121. 쉽게 학습하지만 쉽게 잊어버린다. ·····································( )( )

122. 낮보다 밤에 일하는 것이 좋다. ·······································( )( )

123. 많은 사람 앞에서도 긴장하지 않는다. ·································( )( )

124. 상대방에게 감정 표현을 하기가 어렵게 느껴진다. ····················( )( )

125. 인생을 포기하는 마음을 가진 적이 한 번도 없다. ····················( )( )

126. 규칙에 대해 드러나게 반발하기보다 속으로 반발한다. ················( )( )

127. 자신의 언행에 대해 자주 반성한다. ····································( )( )

128. 활동범위가 좁아 늘 가던 곳만 고집한다. ··(   )(   )

129. 나는 끈기가 다소 부족하다. ···(   )(   )

130. 좋다고 생각하더라도 좀 더 검토하고 나서 실행한다. ··(   )(   )

131. 위대한 인물이 되고 싶다. ···(   )(   )

132. 한 번에 많은 일을 떠맡아도 힘들지 않다. ··(   )(   )

133. 사람과 약속은 부담스럽다. ···(   )(   )

134. 질문을 받으면 충분히 생각하고 나서 대답하는 편이다. ····································(   )(   )

135. 머리를 쓰는 것보다 땀을 흘리는 일이 좋다. ··(   )(   )

136. 결정한 것에는 철저히 구속받는다. ···(   )(   )

137. 아무리 바쁘더라도 자기관리를 위한 운동을 꼭 한다. ······································(   )(   )

138. 이왕 할 거라면 일등이 되고 싶다. ···(   )(   )

139. 과감하게 도전하는 타입이다. ···(   )(   )

140. 자신은 사교적이 아니라고 생각한다. ···(   )(   )

141. 무심코 도리에 대해서 말하고 싶어진다. ··(   )(   )

142. 목소리가 큰 편이다. ···(   )(   )

143. 단념하기보다 실패하는 것이 낫다고 생각한다. ··(   )(   )

144. 예상하지 못한 일은 하고 싶지 않다. ···(   )(   )

145. 파란만장하더라도 성공하는 인생을 살고 싶다. ··(   )(   )

146. 활기찬 편이라고 생각한다. ···(   )(   )

147. 자신의 성격으로 고민한 적이 있다. ···(   )(   )

148. 무심코 사람들을 평가 한다. ···(   )(   )

149. 때때로 성급하다고 생각한다. ···(   )(   )

150. 자신은 꾸준히 노력하는 타입이라고 생각한다. ··(   )(   )

151. 터무니없는 생각이라도 메모한다. ···(   )(   )

152. 리더십이 있는 사람이 되고 싶다. ···(   )(   )

153. 열정적인 사람이라고 생각한다. ··(   )(   )

154. 다른 사람 앞에서 이야기를 하는 것이 조심스럽다. ·······················( )( )

155. 세심하기보다 통찰력이 있는 편이다. ·······························( )( )

156. 엉덩이가 가벼운 편이다. ···( )( )

157. 여러 가지로 구애받는 것을 견디지 못한다. ·························( )( )

158. 돌다리도 두들겨 보고 건너는 쪽이 좋다. ··························( )( )

159. 자신에게는 권력욕이 있다. ··( )( )

160. 자신의 능력보다 과중한 업무를 할당받으면 기쁘다. ·················( )( )

161. 사색적인 사람이라고 생각한다. ····································( )( )

162. 비교적 개혁적이다. ··( )( )

163. 좋고 싫음으로 정할 때가 많다. ····································( )( )

164. 전통에 얽매인 습관은 버리는 것이 적절하다. ······················( )( )

165. 교제 범위가 좁은 편이다. ···( )( )

166. 발상의 전환을 할 수 있는 타입이라고 생각한다. ···················( )( )

167. 주관적인 판단으로 실수한 적이 있다. ······························( )( )

168. 현실적이고 실용적인 면을 추구한다. ·······························( )( )

169. 타고난 능력에 의존하는 편이다. ···································( )( )

170. 다른 사람을 의식하여 외모에 신경을 쓴다. ························( )( )

171. 마음이 담겨 있으면 선물은 아무 것이나 좋다. ·····················( )( )

172. 여행은 내 마음대로 하는 것이 좋다. ······························( )( )

173. 추상적인 일에 관심이 있는 편이다. ·······························( )( )

174. 큰일을 먼저 결정하고 세세한 일을 나중에 결정하는 편이다. ··········( )( )

175. 괴로워하는 사람을 보면 답답하다. ·································( )( )

176. 자신의 가치기준을 알아주는 사람은 아무도 없다. ··················( )( )

177. 인간성이 없는 사람과는 함께 일할 수 없다. ·······················( )( )

178. 상상력이 풍부한 편이라고 생각한다. ······························( )( )

179. 의리, 인정이 두터운 상사를 만나고 싶다. ·························( )( )

180. 인생은 앞날을 알 수 없어 재미있다. ··( )( )

181. 조직에서 분위기 메이커다. ··( )( )

182. 반성하는 시간에 차라리 실수를 만회할 방법을 구상한다. ································( )( )

183. 늘 하던 방식대로 일을 처리해야 마음이 편하다. ··( )( )

184. 쉽게 이룰 수 있는 일에는 흥미를 느끼지 못한다. ··( )( )

185. 좋다고 생각하면 바로 행동한다. ··( )( )

186. 후배들은 무섭게 가르쳐야 따라온다. ··( )( )

187. 한 번에 많은 일을 떠맡는 것이 부담스럽다. ··( )( )

188. 능력 없는 상사라도 진급을 위해 아부할 수 있다. ··( )( )

189. 질문을 받으면 그때의 느낌으로 대답하는 편이다. ··( )( )

190. 땀을 흘리는 것보다 머리를 쓰는 일이 좋다. ··( )( )

191. 단체 규칙에 그다지 구속받지 않는다. ··( )( )

192. 물건을 자주 잃어버리는 편이다. ··( )( )

193. 불만이 생기면 즉시 말해야 한다. ··( )( )

194. 안전한 방법을 고르는 타입이다. ··( )( )

195. 사교성이 많은 사람을 보면 부럽다. ··( )( )

196. 성격이 급한 편이다. ··( )( )

197. 갑자기 중요한 프로젝트가 생기면 혼자서라도 야근할 수 있다. ·························( )( )

198. 내 인생에 절대로 포기하는 경우는 없다. ··( )( )

199. 예상하지 못한 일도 해보고 싶다. ··( )( )

200. 평범하고 평온하게 행복한 인생을 살고 싶다. ··( )( )

┃1~20┃ 다음 중 자신이 선호하는 도형의 형태를 고르시오.

1.	①	②	③	④	⑤

| 2. | ① | ② | ③ | ④ | ⑤ |

| 3. | ① | ② | ③ | ④ | ⑤ |

| 4. | ① | ② | ③ | ④ | ⑤ |

| 5. | ① | ② | ③ | ④ | ⑤ |

| 6. | ① | ② | ③ | ④ | ⑤ |

| 7. | ① | ② | ③ | ④ | ⑤ |

| 8. | ① | ② | ③ | ④ | ⑤ |

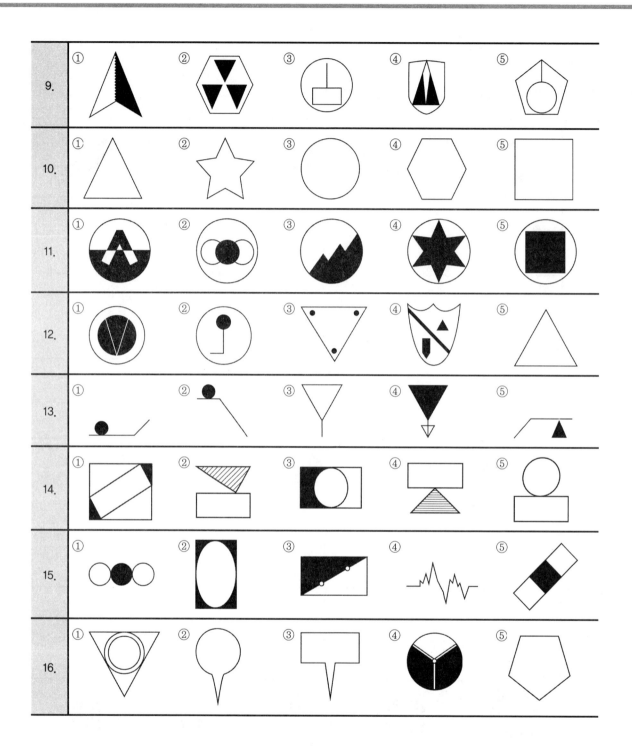

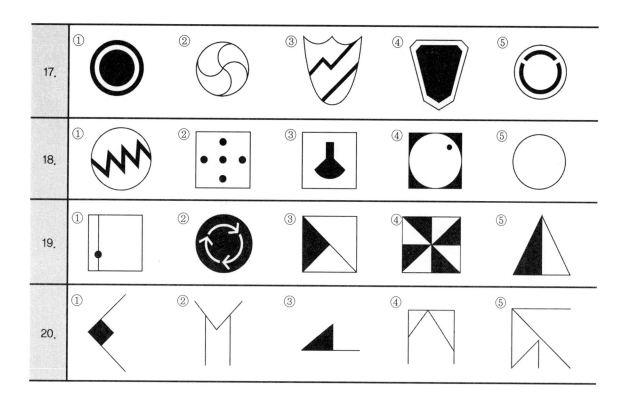

PART

04

면접

면접의 기본

01 면접 준비

(1) 면접의 기본 원칙

① **면접의 의미** … 면접이란 다양한 면접기법을 활용하여 지원한 직무에 필요한 능력을 지원자가 보유하고 있는지를 확인하는 절차라고 할 수 있다. 즉, 지원자의 입장에서는 채용 직무수행에 필요한 요건들과 관련하여 자신의 환경, 경험, 관심사, 성취 등에 대해 기업에 직접 어필할 수 있는 기회를 제공받는 것이며, 기업의 입장에서는 서류전형만으로 알 수 없는 지원자에 대한 정보를 직접적으로 수집하고 평가하는 것이다.

② **면접의 특징** … 면접은 기업의 입장에서 서류전형이나 필기전형에서 드러나지 않는 지원자의 능력이나 성향을 볼 수 있는 기회로, 면대면으로 이루어지며 즉흥적인 질문들이 포함될 수 있기 때문에 지원자가 완벽하게 준비하기 어려운 부분이 있다. 하지만 지원자 입장에서도 서류전형이나 필기전형에서 모두 보여주지 못한 자신의 능력 등을 기업의 인사담당자에게 어필할 수 있는 추가적인 기회가 될 수도 있다.

[서류 · 필기전형과 차별화되는 면접의 특징]

- 직무수행과 관련된 다양한 지원자 행동에 대한 관찰이 가능하다.
- 면접관이 알고자 하는 정보를 심층적으로 파악할 수 있다.
- 서류상의 미비한 사항과 의심스러운 부분을 확인할 수 있다.
- 커뮤니케이션 능력, 대인관계 능력 등 행동 · 언어적 정보도 얻을 수 있다.

③ **면접의 유형**

㉠ **구조화 면접** : 구조화 면접은 사전에 계획을 세워 질문의 내용과 방법, 지원자의 답변 유형에 따른 추가 질문과 그에 대한 평가 역량이 정해져 있는 면접 방식으로 표준화 면접이라고도 한다.
- 표준화된 질문이나 평가요소가 면접 전 확정되며, 지원자는 편성된 조나 면접관에 영향을 받지 않고 동일한 질문과 시간을 부여받을 수 있다.

- 조직 또는 직무별로 주요하게 도출된 역량을 기반으로 평가요소가 구성되어, 조직 또는 직무에서 필요한 역량을 가진 지원자를 선발할 수 있다.
- 표준화된 형식을 사용하는 특성 때문에 비구조화 면접에 비해 신뢰성과 타당성, 객관성이 높다.

ⓛ 비구조화 면접 : 비구조화 면접은 면접 계획을 세울 때 면접 목적만을 명시하고 내용이나 방법은 면접관에게 전적으로 일임하는 방식으로 비표준화 면접이라고도 한다.
- 표준화된 질문이나 평가요소 없이 면접이 진행되며, 편성된 조나 면접관에 따라 지원자에게 주어지는 질문이나 시간이 다르다.
- 면접관의 주관적인 판단에 따라 평가가 이루어져 평가 오류가 빈번히 일어난다.
- 상황 대처나 언변이 뛰어난 지원자에게 유리한 면접이 될 수 있다.

④ 경쟁력 있는 면접 요령

㉠ 면접 전에 준비하고 유념할 사항
- 예상 질문과 답변을 미리 작성한다.
- 작성한 내용을 문장으로 외우지 않고 키워드로 기억한다.
- 지원한 회사의 최근 기사를 검색하여 기억한다.
- 지원한 회사가 속한 산업군의 최근 기사를 검색하여 기억한다.
- 면접 전 1주일간 이슈가 되는 뉴스를 기억하고 자신의 생각을 반영하여 정리한다.
- 찬반토론에 대비한 주제를 목록으로 정리하여 자신의 논리를 내세운 예상답변을 작성한다.

㉡ 면접장에서 유념할 사항
- 질문의 의도 파악 : 답변을 할 때에는 질문 의도를 파악하고 그에 충실한 답변이 될 수 있도록 질문사항을 유념해야 한다. 많은 지원자가 하는 실수 중 하나로 답변을 하는 도중 자기 말에 심취되어 질문의 의도와 다른 답변을 하거나 자신이 알고 있는 지식만을 나열하는 경우가 있는데, 이럴 경우 의사소통능력이 부족한 사람으로 인식될 수 있으므로 주의하도록 한다.
- 답변은 두괄식 : 답변을 할 때에는 두괄식으로 결론을 먼저 말하고 그 이유를 설명하는 것이 좋다. 미괄식으로 답변을 할 경우 용두사미의 답변이 될 가능성이 높으며, 결론을 이끌어 내는 과정에서 논리성이 결여될 우려가 있다. 또한 면접관이 결론을 듣기 전에 말을 끊고 다른 질문을 추가하는 예상치 못한 상황이 발생될 수 있으므로 답변은 자신이 전달하고자 하는 바를 먼저 밝히고 그에 대한 설명을 하는 것이 좋다.

- 지원한 회사의 기업정신과 인재상을 기억 : 답변을 할 때에는 회사가 원하는 인재라는 인상을 심어주기 위해 지원한 회사의 기업정신과 인재상 등을 염두에 두고 답변을 하는 것이 좋다. 모든 회사에 해당되는 두루뭉술한 답변보다는 지원한 회사에 맞는 맞춤형 답변을 하는 것이 좋다.
- 나보다는 회사와 사회적 관점에서 답변 : 답변을 할 때에는 자기중심적인 관점을 피하고 좀 더 넓은 시각으로 회사와 국가, 사회적 입장까지 고려하는 인재임을 어필하는 것이 좋다. 자기중심적 시각을 바탕으로 자신의 출세만을 위해 회사에 입사하려는 인상을 심어줄 경우 면접에서 불이익을 받을 가능성이 높다.
- 난처한 질문은 정직한 답변 : 난처한 질문에 답변을 해야 할 때에는 피하기보다는 정면 돌파로 정직하고 솔직하게 답변하는 것이 좋다. 난처한 부분을 감추고 드러내지 않으려 회피하려는 지원자의 모습은 인사담당자에게 입사 후에도 비슷한 상황에 처했을 때 회피할 수도 있다는 우려를 심어줄 수 있다. 따라서 직장생활에 있어 중요한 덕목 중 하나인 정직을 바탕으로 솔직하게 답변을 하도록 한다.

(2) 면접의 종류 및 준비 전략

① 인성면접

ㄱ 면접 방식 및 판단기준
- 면접 방식 : 인성면접은 면접관이 가지고 있는 개인적 면접 노하우나 관심사에 의해 질문을 실시한다. 주로 입사지원서나 자기소개서의 내용을 토대로 지원동기, 과거의 경험, 미래 포부 등을 이야기하도록 하는 방식이다.
- 판단기준 : 면접관의 개인적 가치관과 경험, 해당 역량의 수준, 경험의 구체성·진실성 등

ㄴ 특징 : 인성면접은 그 방식으로 인해 역량과 무관한 질문들이 많고 지원자에게 주어지는 면접질문, 시간 등이 다를 수 있다. 또한 입사지원서나 자기소개서의 내용을 토대로 하기 때문에 지원자별 질문이 달라질 수 있다.

ⓒ 예시 문항 및 준비전략

• 예시 문항

> • 3분 동안 자기소개를 해 보십시오.
> • 자신의 장점과 단점을 말해 보십시오.
> • 학점이 좋지 않은데 그 이유가 무엇입니까?
> • 최근에 인상 깊게 읽은 책은 무엇입니까?
> • 회사를 선택할 때 중요시하는 것은 무엇입니까?
> • 일과 개인생활 중 어느 쪽을 중시합니까?
> • 10년 후 자신은 어떤 모습일 것이라고 생각합니까?
> • 휴학 기간 동안에는 무엇을 했습니까?

• 준비전략 : 인성면접은 입사지원서나 자기소개서의 내용을 바탕으로 하는 경우가 많으므로 자신이 작성한 입사지원서와 자기소개서의 내용을 충분히 숙지하도록 한다. 또한 최근 사회적으로 이슈가 되고 있는 뉴스에 대한 견해를 묻거나 시사상식 등에 대한 질문을 받을 수 있으므로 이에 대한 대비도 필요하다. 자칫 부담스러워 보이지 않는 질문으로 가볍게 대답하지 않도록 주의하고 모든 질문에 입사 의지를 담아 성실하게 답변하는 것이 중요하다.

② 발표면접

㉠ 면접 방식 및 판단기준

• 면접 방식 : 지원자가 특정 주제와 관련된 자료를 검토하고 그에 대한 자신의 생각을 면접관 앞에서 주어진 시간 동안 발표하고 추가 질의를 받는 방식으로 진행된다.

• 판단기준 : 지원자의 사고력, 논리력, 문제해결력 등

㉡ 특징 : 발표면접은 지원자에게 과제를 부여한 후, 과제를 수행하는 과정과 결과를 관찰·평가한다. 따라서 과제수행 결과뿐 아니라 수행과정에서의 행동을 모두 평가할 수 있다.

ⓒ 예시 문항 및 준비전략

• 예시 문항

[신입사원 조기 이직 문제]
※ 지원자는 아래에 제시된 자료를 검토한 뒤, 신입사원 조기 이직의 원인을 크게 3가지로 정리하고 이에 대한 구체적인 개선안을 도출하여 발표해 주시기 바랍니다.

※ 본 과제에 정해진 정답은 없으나 논리적 근거를 들어 개선안을 작성해 주십시오.

• A기업은 동종업계 유사기업들과 비교해 볼 때, 비교적 높은 재무안정성을 유지하고 있으며 업무강도가 그리 높지 않은 것으로 외부에 알려져 있음.

• 최근 조사결과, 동종업계 유사기업들과 연봉을 비교해 보았을 때 연봉 수준도 그리 나쁘지 않은 편이라는 것이 확인되었음.

• 그러나 지난 3년간 1~2년차 직원들의 이직률이 계속해서 증가하고 있는 추세이며, 경영진 회의에서 최우선 해결과제 중 하나로 거론되었음.

• 이에 따라 인사팀에서 현재 1~2년차 사원들을 대상으로 개선되어야 하는 A기업의 조직문화에 대한 설문조사를 실시한 결과, '상명하복식의 의사소통'이 36.7%로 1위를 차지했음.

• 이러한 설문조사와 함께, 신입사원 조기 이직에 대한 원인을 분석한 결과 파랑새 증후군, 셀프홀릭 증후군, 피터팬 증후군 등 3가지로 분류할 수 있었음.

〈동종업계 유사기업들과의 연봉 비교〉　　　　　〈우리 회사 조직문화 중 개선되었으면 하는 것〉

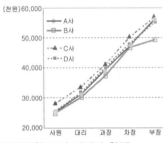

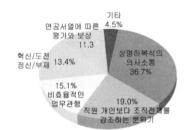

〈신입사원 조기 이직의 원인〉

• 파랑새 증후군
–현재의 직장보다 더 좋은 직장이 있을 것이라는 막연한 기대감으로 끊임없이 새로운 직장을 탐색함.
–학력 수준과 맞지 않는 '하향지원', 전공과 적성을 고려하지 않고 일단 취업하고 보자는 '묻지마 지원'이 파랑새 증후군을 초래함.

• 셀프홀릭 증후군
–본인의 역량에 비해 가치가 낮은 일을 주로 하면서 갈등을 느낌.

• 피터팬 증후군
–기성세대의 문화를 무조건 수용하기보다는 자유로움과 변화를 추구함.
–상명하복, 엄격한 규율 등 기성세대가 당연시하는 관행에 거부감을 가지며 직장에 답답함을 느낌.

- 준비전략 : 발표면접의 시작은 과제 안내문과 과제 상황, 과제 자료 등을 정확하게 이해하는 것에서 출발한다. 과제 안내문을 침착하게 읽고 제시된 주제 및 문제와 관련된 상황의 맥락을 파악한 후 과제를 검토한다. 제시된 기사나 그래프 등을 충분히 활용하여 주어진 문제를 해결할 수 있는 해결책이나 대안을 제시하며, 발표를 할 때에는 명확하고 자신 있는 태도로 전달할 수 있도록 한다.

③ 토론면접
  ㉠ 면접 방식 및 판단기준
   - 면접 방식 : 상호갈등적 요소를 가진 과제 또는 공통의 과제를 해결하는 내용의 토론 과제를 제시하고, 그 과정에서 개인 간의 상호작용 행동을 관찰하는 방식으로 면접이 진행된다.
   - 판단기준 : 팀워크, 적극성, 갈등 조정, 의사소통능력, 문제해결능력 등
  ㉡ 특징 : 토론을 통해 도출해 낸 최종안의 타당성도 중요하지만, 결론을 도출해 내는 과정에서의 의사소통능력이나 갈등상황에서 의견을 조정하는 능력 등이 중요하게 평가되는 특징이 있다.
  ㉢ 예시 문항 및 준비전략
   - 예시 문항

   > - 군 가산점제 부활에 대한 찬반토론
   > - 담뱃값 인상에 대한 찬반토론
   > - 비정규직 철폐에 대한 찬반토론
   > - 대학의 영어 강의 확대 찬반토론
   > - 워크숍 장소 선정을 위한 토론

   - 준비전략 : 토론면접은 무엇보다 팀워크와 적극성이 강조된다. 따라서 토론과정에 적극적으로 참여하며 자신의 의사를 분명하게 전달하며, 갈등상황에서 자신의 의견만 내세울 것이 아니라 다른 지원자의 의견을 경청하고 배려하는 모습도 중요하다. 갈등상황을 일목요연하게 정리하여 조정하는 등의 의사소통능력을 발휘하는 것도 좋은 전략이 될 수 있다.

④ 상황면접
  ㉠ 면접 방식 및 판단기준
   - 면접 방식 : 상황면접은 직무 수행 시 접할 수 있는 상황들을 제시하고, 그러한 상황에서 어떻게 행동할 것인지를 이야기하는 방식으로 진행된다.
   - 판단기준 : 해당 상황에 적절한 역량의 구현과 구체적 행동지표

ⓛ 특징 : 실제 직무 수행 시 접할 수 있는 상황들을 제시하므로 입사 이후 지원자의 업무수행능력을 평가하는 데 적절한 면접 방식이다. 또한 지원자의 가치관, 태도, 사고방식 등의 요소를 통합적으로 평가하는 데 용이하다.

ⓒ 예시 문항 및 준비전략

• 예시 문항

> 당신은 생산관리팀의 팀원으로, 생산팀이 기한에 맞춰 효율적으로 제품을 생산할 수 있도록 관리하는 역할을 맡고 있습니다. 3개월 뒤에 제품A를 정상적으로 출시하기 위해 생산팀의 생산 계획을 수립한 상황입니다. 그러나 원가가 곧 실적으로 이어지는 구매팀에서는 최대한 원가를 줄여 전반적 단가를 낮추려고 원가절감을 위한 제안을 하였으나, 연구개발팀에서는 구매팀이 제안한 방식으로 제품을 생산할 경우 대부분이 구매팀의 실적으로 산정될 것이므로 제대로 확인도 해보지 않은 채 적합하지 않은 방식이라고 판단하고 있습니다. 당신은 어떻게 하겠습니까?

• 준비전략 : 상황면접은 먼저 주어진 상황에서 핵심이 되는 문제가 무엇인지를 파악하는 것에서 시작한다. 주질문과 세부질문을 통하여 질문의 의도를 파악하였다면, 그에 대한 구체적인 행동이나 생각 등에 대해 응답할수록 높은 점수를 얻을 수 있다.

⑤ 역할면접

㉠ 면접 방식 및 판단기준

• 면접 방식 : 역할면접 또는 역할연기 면접은 기업 내 발생 가능한 상황에서 부딪히게 되는 문제와 역할을 가상적으로 설정하여 특정 역할을 맡은 사람과 상호작용하고 문제를 해결해 나가도록 하는 방식으로 진행된다. 역할연기 면접에서는 면접관이 직접 역할연기를 하면서 지원자를 관찰하기도 하지만, 역할연기 수행만 전문적으로 하는 사람을 투입할 수도 있다.

• 판단기준 : 대처능력, 대인관계능력, 의사소통능력 등

ⓛ 특징 : 역할면접은 실제 상황과 유사한 가상 상황에서의 행동을 관찰함으로서 지원자의 성격이나 대처 행동 등을 관찰할 수 있다.

ⓒ 예시 문항 및 준비전략

• 예시 문항

> [금융권 역할면접의 예]
> 당신은 ○○은행의 신입 텔러이다. 사람이 많은 월말 오전 한 할아버지(면접관 또는 역할담당자)께서 ○○은행을 사칭한 보이스피싱으로 500만 원을 피해 보았다며 소란을 일으키고 있다. 실제 업무상황이라고 생각하고 상황에 대처해 보시오.

- 준비전략 : 역할연기 면접에서 측정하는 역량은 주로 갈등의 원인이 되는 문제를 해결 하고 제시된 해결방안을 상대방에게 설득하는 것이다. 따라서 갈등해결, 문제해결, 조정·통합, 설득력과 같은 역량이 중요시된다. 또한 갈등을 해결하기 위해서 상대방에 대한 이해도 필수적인 요소이므로 고객 지향을 염두에 두고 상황에 맞게 대처해야 한다.

  역할면접에서는 변별력을 높이기 위해 면접관이 압박적인 분위기를 조성하는 경우가 많기 때문에 스트레스 상황에서 불안해하지 않고 유연하게 대처할 수 있도록 시간과 노력을 들여 충분히 연습 하는 것이 좋다.

02 면접 이미지 메이킹

(1) 성공적인 이미지 메이킹 포인트

① 복장 및 스타일

㉠ 남성

>
>
> - 양복 : 양복은 단색으로 하며 넥타이나 셔츠로 포인트를 주는 것이 효과적이다. 짙은 회색이나 감청색이 가장 단정하고 품위 있는 인상을 준다.
> - 셔츠 : 흰색이 가장 선호되나 자신의 피부색에 맞추는 것이 좋다. 푸른색이나 베이지색은 산뜻한 느낌을 줄 수 있다. 양복과의 배색도 고려하도록 한다.
> - 넥타이 : 의상에 포인트를 줄 수 있는 아이템이지만 너무 화려한 것은 피한다. 지원자의 피부색은 물론, 정장과 셔츠의 색을 고려하며, 체격에 따라 넥타이 폭을 조절하는 것이 좋다.
> - 구두 & 양말 : 구두는 검정색이나 짙은 갈색이 어느 양복에나 무난하게 어울리며 깔끔하게 닦아 준비한다. 양말은 정장과 동일한 색상이나 검정색을 착용한다.
> - 헤어스타일 : 머리스타일은 단정한 느낌을 주는 짧은 헤어스타일이 좋으며 앞머리가 있다면 이마나 눈썹을 가리지 않는 선에서 정리하는 것이 좋다.

ⓛ 여성

- 의상 : 단정한 스커트 투피스 정장이나 슬랙스 슈트가 무난하다. 블랙이나 그레이, 네이비, 브라운 등 차분해 보이는 색상을 선택하는 것이 좋다.
- 소품 : 구두, 핸드백 등은 같은 계열로 코디하는 것이 좋으며 구두는 너무 화려한 디자인이나 굽이 높은 것을 피한다. 스타킹은 의상과 구두에 맞춰 단정한 것으로 선택한다.
- 액세서리 : 액세서리는 너무 크거나 화려한 것은 좋지 않으며 과하게 많이 하는 것도 좋은 인상을 주지 못한다. 착용하지 않거나 작고 깔끔한 디자인으로 포인트를 주는 정도가 적당하다.
- 메이크업 : 화장은 자연스럽고 밝은 이미지를 표현하는 것이 좋으며 진한 색조는 인상이 강해 보일 수 있으므로 피한다.
- 헤어스타일 : 커트나 단발처럼 짧은 머리는 활동적이면서도 단정한 이미지를 줄 수 있도록 정리한다. 긴 머리의 경우 하나로 묶거나 단정한 머리망으로 정리하는 것이 좋으며, 짙은 염색이나 화려한 웨이브는 피한다.

② 인사

㉠ 인사의 의미 : 인사는 예의범절의 기본이며 상대방의 마음을 여는 기본적인 행동이라고 할 수 있다. 인사는 처음 만나는 면접관에게 호감을 살 수 있는 가장 쉬운 방법이 될 수 있기도 하지만 제대로 예의를 지키지 않으면 지원자의 인성 전반에 대한 평가로 이어질 수 있으므로 각별히 주의해야 한다.

㉡ 인사의 핵심 포인트

- 인사말 : 인사말을 할 때에는 밝고 친근감 있는 목소리로 하며, 자신의 이름과 수험번호 등을 간략하게 소개한다.
- 시선 : 인사는 상대방의 눈을 보며 하는 것이 중요하며 너무 빤히 쳐다본다는 느낌이 들지 않도록 주의한다.
- 표정 : 인사는 마음에서 우러나오는 존경이나 반가움을 표현하고 예의를 차리는 것이므로 살짝 미소를 지으며 하는 것이 좋다.
- 자세 : 인사를 할 때에는 가볍게 목만 숙인다거나 흐트러진 상태에서 인사를 하지 않도록 주의하며 절도 있고 확실하게 하는 것이 좋다.

③ 시선처리와 표정, 목소리

    ㉠ **시선처리와 표정** : 표정은 면접에서 지원자의 첫인상을 결정하는 중요한 요소이다. 얼굴표정은 사람의 감정을 가장 잘 표현할 수 있는 의사소통 도구로 표정 하나로 상대방에게 호감을 주거나, 비호감을 사기도 한다. 호감이 가는 인상의 특징은 부드러운 눈썹, 자연스러운 미간, 적당히 볼록한 광대, 올라간 입 꼬리 등으로 가볍게 미소를 지을 때의 표정과 일치한다. 따라서 면접 중에는 밝은 표정으로 미소를 지어 호감을 형성할 수 있도록 한다. 시선은 면접관과 고르게 맞추되 생기 있는 눈빛을 띄도록 하며, 너무 빤히 쳐다본다는 인상을 주지 않도록 한다.

    ㉡ **목소리** : 면접은 주로 면접관과 지원자의 대화로 이루어지므로 목소리가 미치는 영향이 상당하다. 답변을 할 때에는 부드러우면서도 활기차고 생동감 있는 목소리로 하는 것이 면접관에게 호감을 줄 수 있으며 적당한 제스처가 더해진다면 상승효과를 얻을 수 있다. 그러나 적절한 답변을 하였음에도 불구하고 콧소리나 날카로운 목소리, 자신감 없는 작은 목소리는 답변의 신뢰성을 떨어뜨릴 수 있으므로 주의하도록 한다.

④ 자세

    ㉠ 걷는 자세
- 면접장에 입실할 때에는 상체를 곧게 유지하고 발끝은 평행이 되게 하며 무릎을 스치듯 11자로 걷는다.
- 시선은 정면을 향하고 턱은 가볍게 당기며 어깨나 엉덩이가 흔들리지 않도록 주의한다.
- 발바닥 전체가 닿는 느낌으로 안정감 있게 걸으며 발소리가 나지 않도록 주의한다.
- 보폭은 어깨넓이만큼이 적당하지만, 스커트를 착용했을 경우 보폭을 줄인다.
- 걸을 때도 미소를 유지한다.

    ㉡ 서있는 자세
- 몸 전체를 곧게 펴고 가슴을 자연스럽게 내민 후 등과 어깨에 힘을 주지 않는다.
- 정면을 바라본 상태에서 턱을 약간 당기고 아랫배에 힘을 주어 당기며 바르게 선다.
- 양 무릎과 발뒤꿈치는 붙이고 발끝은 11자 또는 V형을 취한다.
- 남성의 경우 팔을 자연스럽게 내리고 양손을 가볍게 쥐어 바지 옆선에 붙이고, 여성의 경우 공수 자세를 유지한다.

ⓒ 앉은 자세

• 남성

- 의자 깊숙이 앉고 등받이와 등 사이에 주먹 1개 정도의 간격을 두며 기대듯 앉지 않도록 주의한다. (남녀 공통 사항)
- 무릎 사이에 주먹 2개 정도의 간격을 유지하고 발끝은 11자를 취한다.
- 시선은 정면을 바라보며 턱은 가볍게 당기고 미소를 짓는다. (남녀 공통 사항)
- 양손은 가볍게 주먹을 쥐고 무릎 위에 올려놓는다.
- 앉고 일어날 때에는 자세가 흐트러지지 않도록 주의한다. (남녀 공통 사항)

• 여성

- 스커트를 입었을 경우 왼손으로 뒤쪽 스커트 자락을 누르고 오른손으로 앞쪽 자락을 누르며 의자에 앉는다.
- 양손을 모아 무릎 위에 모아 놓으며 스커트를 입었을 경우 스커트 위를 가볍게 누르듯이 올려놓는다.

(2) 면접 예절

① 행동 관련 예절

ㄱ 지각은 절대금물 : 시간을 지키는 것은 예절의 기본이다. 지각을 할 경우 면접에 응시할 수 없거나, 면접 기회가 주어지더라도 불이익을 받을 가능성이 높아진다. 따라서 면접장소가 결정되면 교통편과 소요시간을 확인하고 가능하다면 사전에 미리 방문해 보는 것도 좋다. 면접 당일에는 서둘러 출발하여 면접 시간 20~30분 전에 도착하여 회사를 둘러보고 환경에 익숙해지는 것도 성공적인 면접을 위한 요령이 될 수 있다.

ㄴ 면접 대기 시간 : 지원자들은 대부분 면접장에서의 행동과 답변 등으로만 평가를 받는다고 생각하지만 그렇지 않다. 면접관이 아닌 면접진행자 역시 대부분 인사실무자이며 면접관이 면접 후 지원자에 대한 평가에 있어 확신을 위해 면접진행자의 의견을 구한다면 면접진행자의 의견이 당락에 영향을 줄 수 있다. 따라서 면접 대기 시간에도 행동과 말을 조심해야 하며, 면접을 마치고 돌아가는 순간까지도 긴장을 늦춰서는 안 된다. 면접 중 압박적인 질문에 답변을 잘 했지만, 면접장을 나와 흐트러진 모습을 보이거나 욕설을 한다면 면접 탈락의 요인이 될 수 있으므로 주의해야 한다.

ⓒ **입실 후 태도** : 본인의 차례가 되어 호명되면 또렷하게 대답하고 들어간다. 만약 면접장 문이 닫혀 있다면 상대에게 소리가 들릴 수 있을 정도로 노크를 두세 번 한 후 대답을 듣고 나서 들어가야 한다. 문을 여닫을 때에는 소리가 나지 않게 조용히 하며 공손한 자세로 인사한 후 성명과 수험 번호를 말하고 면접관의 지시에 따라 자리에 앉는다. 이 경우 착석하라는 말이 없는데 먼저 의자에 앉으면 무례한 사람으로 보일 수 있으므로 주의한다. 의자에 앉을 때에는 끝에 앉지 말고 무릎 위에 양손을 가지런히 얹는 것이 예절이라고 할 수 있다.

ⓔ **옷매무새를 자주 고치지 마라.** : 일부 지원자의 경우 옷매무새 또는 헤어스타일을 자주 고치거나 확인하기도 하는데 이러한 모습은 과도하게 긴장한 것 같아 보이거나 면접에 집중하지 못하는 것으로 보일 수 있다. 남성 지원자의 경우 넥타이를 자꾸 고쳐 맨다거나 정장 상의 끝을 너무 자주 만지작거리지 않는다. 여성 지원자는 머리를 계속 쓸어 올리지 않고, 특히 짧은 치마를 입고서 신경이 쓰여 치마를 끌어 내리는 행동은 좋지 않다.

ⓜ **다리를 떨거나 산만한 시선은 면접 탈락의 지름길** : 자신도 모르게 다리를 떨거나 손가락을 만지는 등의 행동을 하는 지원자가 있는데, 이는 면접관의 주의를 끌 뿐만 아니라 불안하고 산만한 사람이라는 느낌을 주게 된다. 따라서 가능한 한 바른 자세로 앉아 있는 것이 좋다. 또한 면접관과 시선을 맞추지 못하고 여기저기 둘러보는 듯한 산만한 시선은 지원자가 거짓말을 하고 있다고 여겨지거나 신뢰할 수 없는 사람이라고 생각될 수 있다.

② **답변 관련 예절**

ⓐ **면접관이나 다른 지원자와 가치 논쟁을 하지 않는다.** : 질문을 받고 답변하는 과정에서 면접관 또는 다른 지원자의 의견과 다른 의견이 있을 수 있다. 특히 평소 지원자가 관심이 많은 문제이거나 잘 알고 있는 문제인 경우 자신과 다른 의견에 대해 이의가 있을 수 있다. 하지만 주의할 것은 면접에서 면접관이나 다른 지원자와 가치 논쟁을 할 필요는 없다는 것이며 오히려 불이익을 당할 수도 있다. 정답이 정해져 있지 않은 경우에는 가치관이나 성장배경에 따라 문제를 받아들이는 태도에서 답변까지 충분히 차이가 있을 수 있으므로 굳이 면접관이나 다른 지원자의 가치관을 지적하고 고치려 드는 것은 좋지 않다.

ⓑ **답변은 항상 정직해야 한다.** : 면접이라는 것이 아무리 지원자의 장점을 부각시키고 단점을 축소시키는 것이라고 해도 절대로 거짓말을 해서는 안 된다. 거짓말을 하게 되면 지원자는 불안하거나 꺼림칙한 마음이 들게 되어 면접에 집중을 하지 못하게 되고 수많은 지원자를 상대하는 면접관은 그것을 놓치지 않는다. 거짓말은 그 지원자에 대한 신뢰성을 떨어뜨리며 이로 인해 다른 스펙이 아무리 훌륭하다고 해도 채용에서 탈락하게 될 수 있음을 명심하도록 한다.

ⓒ 경력직을 경우 전 직장에 대해 험담하지 않는다. : 지원자가 전 직장에서 무슨 업무를 담당했고 어떤 성과를 올렸는지는 면접관이 관심을 둘 사항일 수 있지만, 이전 직장의 기업문화나 상사들이 어땠는지는 그다지 궁금해 하는 사항이 아니다. 전 직장에 대해 험담을 늘어놓는다든가, 동료와 상사에 대한 악담을 하게 된다면 오히려 지원자에 대한 부정적인 이미지만 심어줄 수 있다. 만약 전 직장에 대한 말을 해야 할 경우가 생긴다면 가능한 한 객관적으로 이야기하는 것이 좋다.

ⓔ 자기 자신이나 배경에 대해 자랑하지 않는다. : 자신의 성취나 부모 형제 등 집안사람들이 사회·경제적으로 어떠한 위치에 있는지에 대한 자랑은 면접관으로 하여금 지원자에 대해 오만한 사람이거나 배경에 의존하려는 나약한 사람이라는 이미지를 갖게 할 수 있다. 따라서 자기 자신이나 배경에 대해 자랑하지 않도록 하고, 자신이 한 일에 대해서 너무 자세하게 얘기하지 않도록 주의해야 한다.

03 면접 질문 및 답변 포인트

(1) 가족 및 대인관계에 관한 질문

① 당신의 가정은 어떤 가정입니까?

면접관들은 지원자의 가정환경과 성장과정을 통해 지원자의 성향을 알고 싶어 이와 같은 질문을 한다. 비록 가정 일과 사회의 일이 완전히 일치하는 것은 아니지만 '가화만사성'이라는 말이 있듯이 가정이 화목해야 사회에서도 화목하게 지낼 수 있기 때문이다. 그러므로 답변 시에는 가족사항을 정확하게 설명하고 집안의 분위기와 특징에 대해 이야기하는 것이 좋다.

② 친구 관계에 대해 말해 보십시오.

지원자의 인간성을 판단하는 질문으로 교우관계를 통해 답변자의 성격과 대인관계능력을 파악할 수 있다. 새로운 환경에 적응을 잘하여 새로운 친구들이 많은 것도 좋지만, 깊고 오래 지속되어온 인간관계를 말하는 것이 더욱 바람직하다.

(2) 성격 및 가치관에 관한 질문

① 당신의 PR포인트를 말해 주십시오.

PR포인트를 말할 때에는 지나치게 겸손한 태도는 좋지 않으며 적극적으로 자기를 주장하는 것이 좋다. 앞으로 입사 후 하게 될 업무와 관련된 자기의 특성을 구체적인 일화를 더하여 이야기하도록 한다.

② 당신의 장·단점을 말해 보십시오.

지원자의 구체적인 장·단점을 알고자 하기 보다는 지원자가 자기 자신에 대해 얼마나 알고 있으며 어느 정도의 객관적인 분석을 하고 있나, 그리고 개선의 노력 등을 시도하는지를 파악하고자 하는 것이다. 따라서 장점을 말할 때는 업무와 관련된 장점을 뒷받침할 수 있는 근거와 함께 제시하며, 단점을 이야기할 때에는 극복을 위한 노력을 반드시 포함해야 한다.

③ 가장 존경하는 사람은 누구입니까?

존경하는 사람을 말하기 위해서는 우선 그 인물에 대해 알아야 한다. 잘 모르는 인물에 대해 존경한다고 말하는 것은 면접관에게 바로 지적당할 수 있으므로, 추상적이라도 좋으니 평소에 존경스럽다고 생각했던 사람에 대해 그 사람의 어떤 점이 좋고 존경스러운지 대답하도록 한다. 또한 자신에게 어떤 영향을 미쳤는지도 언급하면 좋다.

(3) 학교생활에 관한 질문

① 지금까지의 학교생활 중 가장 기억에 남는 일은 무엇입니까?

가급적 직장생활에 도움이 되는 경험을 이야기하는 것이 좋다. 또한 경험만을 간단하게 말하지 말고 그 경험을 통해서 얻을 수 있었던 교훈 등을 예시와 함께 이야기하는 것이 좋으나 너무 상투적인 답변이 되지 않도록 주의해야 한다.

② 성적은 좋은 편이었습니까?

면접관은 이미 서류심사를 통해 지원자의 성적을 알고 있다. 그럼에도 불구하고 이 질문을 하는 것은 지원자가 성적에 대해서 어떻게 인식하느냐를 알고자 하는 것이다. 성적이 나빴던 이유에 대해서 변명하려 하지 말고 담백하게 받아드리고 그것에 대한 개선노력을 했음을 밝히는 것이 적절하다.

③ 학창시절에 시위나 집회 등에 참여한 경험이 있습니까?

기업에서는 노사분규를 기업의 사활이 걸린 중대한 문제로 인식하고 거시적인 차원에서 접근한다. 이러한 기업문화를 제대로 인식하지 못하여 학창시절의 시위나 집회 참여 경험을 자랑스럽게 답변할 경우 감점요인이 되거나 심지어는 탈락할 수 있다는 사실에 주의한다. 시위나 집회에 참가한 경험을 말할 때에는 타당성과 정도에 유의하여 답변해야 한다.

(4) 지원동기 및 직업의식에 관한 질문

① 왜 우리 회사를 지원했습니까?

이 질문은 어느 회사나 가장 먼저 물어보고 싶은 것으로 지원사들은 기업의 이념, 대표의 경영능력, 재무구조, 복리후생 등 외적인 부분을 설명하는 경우가 많다. 이러한 답변도 적절하지만 지원 회사의 주력 상품에 관한 소비자의 인지도, 경쟁사 제품과의 시장점유율을 비교하면서 입사동기를 설명한다면 상당히 주목 받을 수 있을 것이다.

② 만약 이번 채용에 불합격하면 어떻게 하겠습니까?

불합격할 것을 가정하고 회사에 응시하는 지원자는 거의 없을 것이다. 이는 지원자를 궁지로 몰아넣고 어떻게 대응하는지를 살펴보며 입사 의지를 알아보려고 하는 것이다. 이 질문은 너무 깊이 들어가지 말고 침착하게 답변하는 것이 좋다.

③ 당신이 생각하는 바람직한 사원상은 무엇입니까?

직장인으로서 또는 조직의 일원으로서의 자세를 묻는 질문으로 지원하는 회사에서 어떤 인재상을 요구하는 가를 알아두는 것이 좋으며, 평소에 자신의 생각을 미리 정리해 두어 당황하지 않도록 한다.

④ 직무상의 적성과 보수의 많음 중 어느 것을 택하겠습니까?

이런 질문에서 회사 측에서 원하는 답변은 당연히 직무상의 적성에 비중을 둔다는 것이다. 그러나 적성만을 너무 강조하다 보면 오히려 솔직하지 못하다는 인상을 줄 수 있으므로 어느 한 쪽을 너무 강조하거나 경시하는 태도는 바람직하지 못하다.

⑤ 상사와 의견이 다를 때 어떻게 하겠습니까?

과거와 다르게 최근에는 상사의 명령에 무조건 따르겠다는 수동적인 자세는 바람직하지 않다. 회사에서는 때에 따라 자신이 판단하고 행동할 수 있는 직원을 원하기 때문이다. 그러나 지나치게 자신의 의견만을 고집한다면 이는 팀원 간의 불화를 야기할 수 있으며 팀 체제에 악영향을 미칠 수 있으므로 선호하지 않는다는 것에 유념하여 답해야 한다.

⑥ 근무지가 지방인데 근무가 가능합니까?

근무지가 지방 중에서도 특정 지역은 되고 다른 지역은 안 된다는 답변은 바람직하지 않다. 직장에서는 순환 근무라는 것이 있으므로 처음에 지방에서 근무를 시작했다고 해서 계속 지방에만 있는 것은 아님을 유의하고 답변하도록 한다.

(5) 여가 활용에 관한 질문 – 취미가 무엇입니까?

기초적인 질문이지만 특별한 취미가 없는 지원자의 경우 대답이 애매할 수밖에 없다. 그래서 가장 많이 대답하게 되는 것이 독서, 영화감상, 혹은 음악감상 등과 같은 흔한 취미를 말하게 되는데 이런 취미는 면접관의 주의를 끌기 어려우며 설사 정말 위와 같은 취미를 가지고 있다하더라도 제대로 답변하기는 힘든 것이 사실이다. 가능하면 독특한 취미를 말하는 것이 좋으며 이제 막 시작한 것이라도 열의를 가지고 있음을 설명할 수 있으면 그것을 취미로 답변하는 것도 좋다.

(6) 지원자를 당황하게 하는 질문

① 성적이 좋지 않은데 이 정도의 성적으로 우리 회사에 입사할 수 있다고 생각합니까?

비록 자신의 성적이 좋지 않더라도 이미 서류심사에 통과하여 면접에 참여하였다면 기업에서는 지원자의 성적보다 성적 이외의 요소, 즉 성격 · 열정 등을 높이 평가했다는 것이라고 할 수 있다. 그러나 이런 질문을 받게 되면 지원자는 당황할 수 있으나 주눅 들지 말고 침착하게 대처하는 면모를 보인다면 더 좋은 인상을 남길 수 있다.

② 우리 회사 회장님 함자를 알고 있습니까?

회장이나 사장의 이름을 조사하는 것은 면접일을 통고받았을 때 이미 사전 조사되었어야 하는 사항이다. 단답형으로 이름만 말하기보다는 그 기업에 입사를 희망하는 지원자의 입장에서 답변하는 것이 좋다.

③ 당신은 이 회사에 적합하지 않은 것 같군요.

이 질문은 지원자의 입장에서 상당히 곤혹스러울 수밖에 없다. 질문을 듣는 순간 그렇다면 면접은 왜 참가시킨 것인가 하는 생각이 들 수도 있다. 하지만 당황하거나 흥분하지 말고 침착하게 자신의 어떤 면이 회사에 적당하지 않는지 겸손하게 물어보고 지적당한 부분에 대해서 고치겠다는 의지를 보인다면 오히려 자신의 능력을 어필할 수 있는 기회로 사용할 수도 있다.

④ 다시 공부할 계획이 있습니까?

이 질문은 지원자가 합격하여 직장을 다니다가 공부를 더 하기 위해 회사를 그만 두거나 학습에 더 관심을 두어 일에 대한 능률이 저하될 것을 우려하여 묻는 것이다. 이때에는 당연히 학습보다는 일을 강조해야 하며, 업무 수행에 필요한 학습이라면 업무에 지장이 없는 범위에서 야간학교를 다니거나 회사에서 제공하는 연수 프로그램 등을 활용하겠다고 답변하는 것이 적당하다.

⑤ 지원한 분야가 전공한 분야와 다른데 여기 일을 할 수 있겠습니까?

수험생의 입장에서 본다면 지원한 분야와 전공이 다르지만 서류전형과 필기전형에 합격하여 면접을 보게 된 경우라고 할 수 있다. 이는 결국 해당 회사의 채용 방침상 전공에 크게 영향을 받지 않는다는 것이므로 무엇보다 자신이 전공하지는 않았지만 어떤 업무도 적극적으로 임할 수 있다는 자신감과 능동적인 자세를 보여주도록 노력하는 것이 좋다.

CHAPTER 02 면접기출

01 한국은행 면접기출

① 30초 동안 자기소개를 해 보시오.

② 자신의 장점과 단점은 무엇인지 말해 보시오.

③ 최근에 가장 인상 깊었던 활동이 있다면 말해 보시오.

④ 좌절했던 경험이 있다면 말해 보시오.

⑤ 추천서의 내용에 대해서 말해 보시오.

⑥ 자신이 했던 행동 중 가장 개혁적이라고 생각되는 것에 대해 말해 보시오.

⑦ '취직을 하면 이런 사람은 되지 않겠다.'를 말하고 자신은 어떤 직원이 되고 싶은지를 말해 보시오.

⑧ 자신만의 스트레스 해소법은 무엇인가?

⑨ 프로의식이 무엇이라고 생각하는가?

⑩ 소통과 관련된 에피소드를 말해 보시오.

⑪ 자신의 취미와 특기에 대해 말해 보시오.

⑫ 최근 주의 깊게 본 경제 이슈는 무엇인지 말해 보시오.

⑬ 상사에게 부당한 지시를 받으면 어떻게 할 것인가?

⑭ 이전 금융기관에서 일을 하면서 가장 힘들었던 때와 보람 있던 순간을 말해보시오.

⑮ 주체할 수 없이 화가 났던 일이 있다면 그 일과 그 결과에 대해 말해 보시오.

⑯ 10년 후 어떤 비전을 가지고 근무를 하겠는지 말해 보시오.

⑰ 나이 어린 직원들과 같이 일 할 수 있겠는가? 어떠한 방법으로 적응해 나갈 것인가?

⑱ 은행에서 했던 업무와 직무가 다를 수 있는데 잘 할 수 있겠는가?

⑲ 프로젝트를 해 본 경험이 있는가? 있다면 그 프로젝트에 어떤 기여를 했는가?

⑳ C3 직무를 알고 있는가? 아는대로 말해 보시오.

㉑ 본인의 성격에 대해 말해 보시오.

㉒ 한국은행에 지원한 동기를 말해 보시오.

㉓ 면접에서 떨어지면 어떨 것 같은지 말해 보시오.

㉔ 지원한 지역에 대한 경제적 · 사회적 동향에 대해서 설명해 보시오.

㉕ 이직을 결정한 이유가 무엇인지 말해 보시오.

㉖ 마지막으로 하고 싶은 말이 있다면 말해 보시오.

서원각 용어사전 시리즈

상식은 "용어사전"

용어사전으로 중요한 용어만 한눈에 보자

✿ **시사용어사전 1200**
매일 접하는 각종 기사와 정보 속에서 현대인이
놓치기 쉬운, 그러나 꼭 알아야 할 최신 시사상식
을 쏙쏙 뽑아 이해하기 쉽도록 정리했다!

✿ **경제용어사전 1030**
주요 경제용어는 거의 다 실었다! 경제가 쉬워지
는 책, 경제용어사전!

✿ **부동산용어사전 1300**
부동산에 대한 이해를 높이고 부동산의 개발과 활
용, 투자 및 부동산 용어 학습에도 적극적으로 이
용할 수 있는 부동산용어사전!

중요한 용어만 공부하자 !

- 최신 관련 기사 수록
- 다양한 용어를 수록하여 1000개 이상의 용어 한눈에 파악
- 용어별 중요도 표시 및 꼼꼼한 용어 설명
- 파트별 TEST를 통해 실력점검